JN410254

신화 만들기

만인산문정신 2

신화 만들기

이진흥 산문집

만인사

| 책머리에 |

젊은 날의 찢겨나간 일기장처럼

옛날에 쓴 글을 묶었다. 너무 낡아서 빛바랜 것들이다. 퇴직하기 전에 썼던 글 중에서 그냥 버리기에는 아쉬운 것들을 일부 추렸는데 별로 신통한 게 없다. 젊은 날의 찢겨나간 일기장처럼 부끄럽지만 그래도 그런 글이 오히려 시나 평론보다는 가족이나 친구들에게 친근할 듯해서 용기를 내 보았다.

전체를 편의상 4부로 나누었다. 1부는 개인적인 에피소드를 곁들여 평소의 생각을 정리한 것들이고, 2부는 시에 관련된 산문들, 3부는 대학시절 학보에 실었던 단편소설이다. 그리고 4부는 70년대 말에서 90년대 초까지 일간지에 썼던 칼럼들인데 아직도 기억 속에 몇 커트 잔상이 남아있어 새삼스럽기도 하다.

표제를 『신화 만들기』라고 붙인 것은 본문의 칼럼 제목을 따온 것이기도 하지만, 더 나아가 사람은 누구나 세상에서 자신의 신화를 만들어가는 존재라는 생각에서였다. 휠덜린은 "인간이란 본래 지상에 시인으로서 살아간다."고 노래하는데, "올림포스에 신들을 살게 하는 자는 바로 시인"이라고 괴테는 말하고 있으니, 결국 우리는 모두 시인이고 우리 삶은 신화 만들기가 아니겠는가?

원고를 다시 읽어보니 감상적인 것과 시사적인 것이 뒤섞여서 일관성이 없다. 글의 내용은 그대로지만 제목 몇 개는 바꾸기도 했다. 평소 잘 정리해두지 못한 탓에 언제 어느 지면에 썼는지 기억나지 않는 글도 더러 있다. 간혹 설명투의 문장이 나오는 것은 평생 학생들을 상대했기 때문일 것이다. 어쨌든 요즘 함부로 쏟아져 나오는 소위 책 공해(?)에 한 몫하는 것 같아 마음이 개운하지는 않지만, 가까운 이들의 정겨운 눈빛을 기대하며 스스로 위안을 삼는다.

책을 낼 적마다 늘 가장 가까운 자리에서 용기를 주는 아내와 이번에 어지러운 원고를 정리하여 깔끔한 책으로 펴내주신 만인사 박진형 시인께 감사를 드린다.

2014년 4월, 이오가에서

이 진 홍

차 례

1부 재떨이와 휴지통

어떤 첫눈

지금부터 약 십 오륙 년 전, 내가 아직 병아리 신임소위로서 대구에 배속되어 특기교육을 받고 있을 무렵이었다. 그때 나는 아무런 연고도, 아는 사람도 없는 낯선 도시에 민들레 꽃씨처럼 바람에 날려와 홀로 떨어져 있는 쓸쓸한 심경이었다.

크리스마스가 다가오던 어느 날 저녁, 마침 K대학에 메시아 합창 공연이 있어서 구경을 간 일이 있었다. 음악회가 끝나고 조금은 거룩한 기분이 되어 나오는데 그날따라 밤안개가 아주 짙게 끼어 있었다. 안개란 참으로 묘한 것이어서 무엇인가 알 수 없는 세계를 열어주는 느낌이 들었다. 그날 밤 K대학 교정에 들어서 있던 히말라야시타는 마치 내가 오래 전에 보았던 영화 「나의 청춘 마리안느」 속의 숲을 연상시켜서 나는 어떤 환상적이고도 로맨틱한 일이 곧 일어나라라는 황당한 기대를 하면서 하숙집으로 돌아오고 있었다.

불과 십 미터 앞도 잘 보이지 않는 안개 속에서 D동 네거리를 막 돌아섰을 때(그 때만 해도 그곳을 아직 논이 있던 한적한 변두리였다) 바로 내 앞에 한 소녀가 걸어가고 있었다. 긴 머리에 깜장색 코트를 입은 날씬한 뒷모습과 그녀의 경쾌한 걸음걸이는 공연히 내 가슴을 울렁거리게 했다. 이제 곧 안개 속 어디에선가 예쁜 사슴이라도 한 마리쯤 뛰어나올 듯 하다는 생각이 들었다. 바로 그 순간이었다.

안개 속에서 크고 긴 그리고 시커먼 손이 나타나더니 드라큘라 백작처럼 소녀의 가냘픈 어깨를 움켜잡는 것이었다. 소녀는 비명을 올렸고, 나는 깜짝 놀라서,

"야, 임마!"

하고 자신도 모르게 큰 소리를 질렀다. 그러자 드라큘라는 움찔하고는 이쪽으로 돌아섰고, 그 사이에 소녀는 날쌘 사슴처럼 안개 속으로 재빨리 사라졌다. 맛있는 먹이를 놓친 짐승처럼 드라큘라는 나를 보자 대단한 적의를 드러내며 다가왔다. 그리고 그 옆 불빛이 새어나오는 통술집에서 술 냄새를 풍기며,

"뭐야, 웬 놈이야?"

하면서 몰려나온 새로운 드라큘라들이 대여섯 명이나 순식간에 나를 에워쌌다.

부끄러운 얘기지만, 나는 그들이 설마 장교 복장을 한 나를 어

쩔 수는 없을 거라고 내 제복에 은근히 기대를 걸었지만 그 기대는 드라큘라 같은 녀석이 나의 목덜미를 잡는 것으로 무산되었다. 그의 주먹이 나의 가슴에 날아왔고, 다른 녀석의 발길이 사정없이 나의 오른쪽 옆구리를 공격해왔다. 나는 앞으로 고꾸라지면서, 그러나 재빠르게 상대편의 다리를 잡아 올렸다. 녀석은 나의 불의의 반격에 고목처럼 뒤로 쓰러졌고, 그 틈에 나는 비교적 빠른 나의 발(고등학교 때 나는 백 미터를 13초에 달렸다)과 자욱한 안개 덕분에 삼십육계에 성공할 수가 있었다. 숨을 헐떡이며 하숙집에 돌아와 입술이 터져 피가 흐르는 나의 얼굴을 거울에 비쳐 보았을 때의 그 억울하고 비참했던 기분을 나는 지금도 생생하게 기억하고 있다. 복수하리라, 반드시 멋지게 복수해주고 말리라 하면서 그날 밤 나는 외로운 하숙방에서 거의 한잠도 이루지 못하고 뜬눈으로 지새우다시피 했다.

다음날 부대에서 퇴근할 무렵 나는 동료들에게 엊저녁의 참담했던 나의 수모담을 들려주었고, 나의 예상대로 동료들은 대한민국 공군 장교를 거리의 불량배가 건드리다니, 그것은 장교 전체의 명예와 자존심에 관한 문제라면서 모두가 무협지에 나오는 협객이 되어서 엊저녁의 사건 현장으로 나를 앞장세우고 찾아갔다.

허름한 통술집의 주인인 노부부는 엊저녁에 무슨 일이 있었느냐면서 시치미를 떼려 했지만, 이 집부터 먼저 청소를 해야겠다는 한 동료의 위협적인 제스처를 보자 불안스러운 표정으로 그러나 체념

한 듯이 건너편의 건재상을 가리켰다. 마치 병정놀이를 하는 아이들이 무슨 수색이라도 하는 것처럼 은근히 어깨를 으쓱거리면서 우루루 우리들이 건재상 쪽으로 몰려갔을 때, 앞장 섰던 나는 뒤돌아보면서 동료들에게 잠깐 밖에서 기다리고 있으라고 말했다. 악한을 잡아 지옥으로 보내는 멋쟁이 보안관처럼 동료들은 여유 있게 밖에서 대기하고 있었고, 나는 혼자서 건재상의 유리문을 열고 안으로 들어섰다. 상점 안은 텅 비어 있었다.

"여보세요! 주인 계셔요?"

나는 가게의 안채를 향해 소리를 질렀다. 잠시 후 안마당 쪽에서 한 청년이 이쪽으로 걸어왔다. 나는 생쥐 앞의 고양이처럼 우월한 쾌감을 느끼면서 다가오는 청년의 턱밑에 있는 칼자국(엊저녁에 내가 통술집에서 비쳐 나오는 침침한 불빛 속에서 보아두었던)을 재빨리 확인했다.

"너지? 엊저녁의 일 기억나나?"

나는 그의 눈을 쏘아보면서 낮은 목소리로 그러나 힘 있게 말했다. 그제서야 청년은 유리문 밖에 서성거리고 있는 대여섯 명이나 되는 공군 장교들이 누구이며 왜 나타났는가를 알았음인지, 갑자기 얼굴이 하얗게 질리고 입술이 바들바들 떨렸으며 눈에는 공포가 가득 일렁거렸다. 그 순간 그의 동공 너머로 희고 포근한 눈송이가 하나 날렸고, 내 앞에는 엊저녁의 그 드라큘라 대신 어리고 약한 들짐승 한 마리가 슬프고 두려운 눈으로 나를 바라보고 서 있는 것 같았다.

이상한 일이었다. 나는 갑자기 온 몸의 맥이 다 풀리고 지금까지의 분노가 일시에 사라지면서 가슴 속 깊은 곳에서부터 어떤 연민의 감정이 솟아오름을 느꼈다. 엊저녁 저녁 안개 속으로 사슴처럼 재빨리 사라졌던 깜장색 코트의 소녀가 오히려 투명한 눈빛으로 내게 용서해주라고 말하는 듯한 목소리가 한 송이 두 송이 날리기 시작하는 눈발 속에서 들리는 듯했다.

"조심해 임마! 밤거리에서 행인을 괴롭히지 마! 알았어?"

나는 목소리를 깔고 나지막하게 말하고 돌아서서 유리문 밖으로 나왔다.

나의 표정을 보고 동료들은 의아해 했지만 목덜미에 닿는 눈발의 감촉을 느끼면서 나는 말했다.

"야! 첫눈이다. 대구에서의 첫눈… 오늘 내가 한 잔 산다. 이유는 마시면서 얘기하겠다."

나는 호기 있게 앞장서서 건너편 통술집으로 향했다.

"야, 이소위, 어떻게 된 거야? 그 드라큘라 녀석이 알고 보니 자네의 처남이라도 된다는 거야?"

나의 어깨를 치면서 한 동료가 불만스럽게 내뱉은 말소리가 마침 옆집의 라디오방에서 확성기를 통해 나오는 「루돌프 사슴코」의 멜로디와 함께 눈발 속에 번져나갔다.

(『신비』, 1983)

어리석은 승부

우리들은 작고 하잘 것 없는 일에 지나치게 신경 쓰고 쓸데없이 에너지를 낭비하는 때가 많다. 대범하게 생각하면 아무 것도 아닌 것을 공연히 심각하게 여겨서 고민하고 고통스러워하는 경우가 그것이다.

지금부터 10여 년 전의 얘기다. 당시 나는 대구에서 군에 복무 중이었는데 휴가로 서울에 갔다가 공교롭게 추석날 돌아오게 되었다. 고속버스가 운행된 지 얼마 되지 않았을 때였으므로 꽤 인기 있는 교통기관이었는데 승차하기 전에 친구와 얘기가 길어져서 막 출발하기 직전에 제일 마지막으로 올랐다. 아직 총각시절이어서 짓궂은 나의 친구는 나에게 "네 시간 동안의 여행이 행복하도록 자네 옆자리에는 가장 아름다운 여자가 앉게 되길 바란다."고 눈을 찡긋

하며 말했다.

농담이라고 해도 기분 좋은 말이었고 은근히 나도 그의 말이 현실화되길 기대했다. 내가 중간쯤 있는 나의 좌석을 향해 좁은 통로를 지나가면서 이미 내 옆 좌석에 앉아있는 사람을 보았을 때, 그 사람은 미리 나에 대해서 실망을 하는 것처럼 보였다.—아니 정확히 말하면 내가 그렇게 생각했기 때문이었는지도 모르고, 어쩌면 양쪽 다 실망하고 있는 것이었는지도 몰랐다.

내 좌석이 창문쪽이었으므로, "실례합니다."라고 양해를 구하고 내가 안쪽으로 들어가려고 했을 때, 일반적인 경우에는 그가 잠깐 일어나서 비켜서 주는 법인데 그는 크고 뚱뚱한 체구를 약간 옆으로 비틀었을 뿐이었고, 나는 베를린 장벽을 넘는 것처럼 어렵게 그의 무릎을 스쳐 내 좌석에 앉을 수 있었다.

추석날이었으므로 버스의 안내양은 곱게 한복을 차려 입었었고 승객들 대부분이 좋은 옷을 입고 있었다. 내 옆의 사내도 그런 점에서는 한껏 멋을 내고 있었다. 아마 그 전날 양복점에서 새로 맞춰 입은 것으로 보이는 감색 싱글과 방금 이발소에서 나온듯한 머리—포마드가 자르르 흐르는, 윤기 나는 숱 많은 검은 머리와 버스 타기 직전에 닦아 신은 듯한 번쩍이는 구두… 등 요컨대 그는 자기의 차림새에 대해서 상당히 신경을 쓴 것 같았다. 그러나 적어도 내가 보기에 그것은 오히려 세련되지 못한 촌스러움으로 느껴졌는데, 왜냐하면 눈부시게 하얀 와이셔츠 소매와 크고 거칠며 손톱 끝에 때가

끼인 그의 손모양의 부조화, 그리고 흉터가 있는 검은 얼굴의 인상과 껌을 질겅질겅 씹고 있는 무교양한 표정 등이 그것을 나타내주는 듯 했다. 특히 서너 번 씹다가 규칙적으로 "딱"하고 크게 소리를 내는 껌 씹는 기술은 그를 좋게 봐줄 수가 없었다.

차가 서울의 톨게이트를 지나왔을 때 그는 3돈쭝 정도의 금반지를 낀 손으로 조끼 주머니에서 당시 제일 고급이었던 청자 담배를 꺼냈다. 그리고는 대부분의 경우 남자끼리라면 옆 사람에게 담배 한 대 정도는 권하게 마련임에도 불구하고 그는 나를 완전히 무시한 채 한 개비만 쏙 뽑아 입에 물더니 다시 다른 주머니에서 가스라이터—그때는 가스라이터가 무척 귀할 때였다—를 꺼내 자랑스럽게 불을 붙이고는 호기 있게 담배를 피워대기 시작했다.

그뿐이 아니었다. 때마침 스피커에서는 승객들에게 서비스해 주기 위해서 유행가가 흘러나오고 있었는데, 예컨대 배호의 돌아가는 삼각지, 혹은 남일해가 부르는 구성진 곡조들인데, 그는 대단히 익숙하게 번쩍이는 구두 끝으로 박자를 맞추고 있었다. 나는 너무나 기분이 나빴다. 유행가도 마음에 들지 않았지만 그의 장단 맞추는 능숙한 솜씨는 정말로 불쾌한 느낌을 주었다.

나는 의도적으로 그를 무시해버리기로 마음먹었으나 오히려 신경이 더 쓰였다. 나는 담배를 꺼냈다. 점퍼 주머니에 구겨져있는 담배갑— '청자'보다는 한 단계 저급담배—속에서 빼낸 담배는 유감스럽게도 거의 부러져 있었는데 그것을 궁색하게 입에 물고 성냥을 꺼냈는데 신경질 나게 성냥불도 잘 켜지지 않아 서너 개비를 실패한 후 가까스로 불을 붙일 수 있었다. 나는 여러 가지 면에서 그에게 패배하고 있었다. 흙 묻은 더러운 구두, 초라한 옷차림새 같은 것이 마치 그의 값진 가스라이터와 나의 부러진 성냥 개피 만큼이나 거리를 느끼게 했다.

천안 휴게소에서 내가 잠깐 내렸다가 돌아왔을 때 그는 자랑스러운 듯한 표정으로 커피를 홀짝홀짝 마시더니 주머니에서 '님에게 초콜릿'을 꺼내 혼자서 조금씩 떼어먹었다. 그 순간 나는 그를 도저히 용서할(?) 수가 없을 것 같았다. 그런 초콜릿은 어린애나 혹은 예쁜 여자애들 아니면 얼굴이 희고 은테안경이라도 쓴 섬세한 남자에게나 어울리는 주전부리이지, 그따위 투박하고 무례하며 검고 거친 손을 가진 사내에게는 전혀 어울리지 않는 것이었다… 아, 생각해보니 한마디로 그는 아무래도 나를 비웃고 조롱하며 내가 속상해하는 것을 은근히 즐기고 있는 것 같았다.

나는 주머니에 말아 넣었던 유식한 책을 꺼내서 펼쳐 들었다. 그것은 고어체의 독일어 책이었으므로, 나는 보란 듯이 내가 이렇게 유식한 책을 읽을 수 있는 정신적인 귀족임을 나타내어 그를 기죽게 할 작전이었다. 그러나 나의 심리전술을 아는지 모르는지 그의 표정에는 기죽는 아무런 표정도 나타나지 않았다.

버스가 추풍령 휴게소에 닿았을 때였다. 나는 안내양에게 아주 친근하게 다가가서 버스에서 나오는 대중가요 대신에 클래식 음악을 부탁해 놓고, 휴게소에서 새알처럼 생긴 초콜릿을 하나 사다가 그녀에게 주었다. 나의 부탁대로 추풍령을 떠난 후 음악은 배호나 남일해가 아닌 바흐와 모차르트로 바뀌었다. 나의 교활한 추측처럼 그는 더 이상 번쩍이는 구두 끝으로 박자 맞추기를 중지했고, 나는 손가락 끝을 보일락 말락 까딱이면서 음률을 따라 들릴락 말락하게 휘파람을 불었다. 그리고 안내양이 지나갈 때 나는 고맙다는 눈짓을 보냈고, 그녀도 생긋 웃으며 답례를 했다.

그 순간부터 나는 그에게 역전승의 계기를 잡은 것이었다. 나는 구겨진 담배지만 그에게 권하지 않고 호기 있게 피워 물었고 바흐를 즐겼으며 예쁜 안내양에게 웃음을 받았다. 그때부터는 그가 기분 나쁜 표정을 나타내기 시작했지만 나는 그것을 싹 무시해 버렸다. '봐라, 나는 유식한 책을 읽을 수 있고 고상한 음악을 즐기며 예쁜 안내양과 호의 어린 눈인사를 하는 사람이다!'라고 마음 속으로 외치며 그에게 뽐내고 있었다.

차가 동대구역(당시에는 현재의 위치가 아닌, 교통이 불편한 곳에 떨어져 있었다)에 도착했다. 그의 뒤를 따라 내린 후 택시를 잡기 위해 나란히 서 있었다. 택시가 왔을 때 그와 나는 동시에 손을 들고 택시에 다가갔는데 내가 조금 빨랐다. 나는 택시에 오른 후 매정하게 문을 닫았다. 차가 움직이기 시작했을 때 나는, '자! 최후의 승리자는 나다, 어떠냐?'하는 마음으로 뒤를 돌아다보았다. 그는 그 자리에 선채 증오심을 품은 표정으로 나를 쏘아보고 있었다.

바로 그 순간이었다. 나는 쇠망치로 얻어맞은 듯한 느낌을 받았다. 아하! 진짜 패배자는 바로 나였구나! 내가 만일 택시의 문을 열고 그에게 상냥스러운 미소를 띄우면서 "자 먼저 타시죠."라고 양보했다면, 그야말로 나는 그를 압도할 수 있지 않았을까? 아니, 처음부터 내가 대범하게 그에게 담배를 권하고 인사를 청했다면, 서울에서 대구까지 네 시간 동안의 버스여행이 고통스럽지 않고 오히려 즐겁지 않았을까?

요즘도 가끔 그때 일을 생각하면 부끄럽다. 내가 얼마나 내 멋대로 나하고 아무 상관이 없는 사람을 공연히 미워하고 무시했던가? 사실 나는 나의 평범한 일상 속에서 얼마나 작고 하잘 것 없는 일들을 가지고 쓸데없이 신경을 쓰고 정력을 낭비했던 것인가? 아아, 내 마음 깊은 곳에 도둑괭이처럼 웅크리고 있는 저 교활하고도 소심한 어리석음이여, 꺼져버려라! 영원히.

(『신비』, 1981)

벤치가 외롭다

말은 크게 두 가지 쓰임새로 나누어진다. 그 하나는 사실을 나타내는 것이고 다른 하나는 감동을 드러내는 것인데 앞의 것을 말의 사전적 의미라 하고 뒤의 것을 시적 의미라고 한다. 예컨대 "태양은 은하계의 변방에 있는 하나의 별이다."라고 했을 때 이 말은 태양에 대한 사실을 나타낸 객관적인 전술이지만, "그대는 나의 태양이다"라고 했을 때 태양은 비유적이고 주관적인 심적 상태를 표현하고 있다. R. 웰렉은 이러한 쓰임에 따라서 과학언어와 문학 언어로 나누어 전자를 외연적 쓰임, 후자를 내포적 쓰임이라고 했고, I.A. 리처즈도 언어를 비정서적인 것과 정서적인 것으로 구별하여 과학과 시를 설명하고 있다.

우리들은 일상의 대인관계나 언어생활에서 종종 오해를 하거나 엇갈림으로 불편한 경우가 있다. 그런데 이러한 오해나 엇갈림도 자세히 따지고 곰곰이 반성해 보면 말의 쓰임에 대한 서로 다른 견해나 입장에 서 있기 때문임을 알 수 있다. 예를 들어서 장·콕토가 "내 귀는 소라껍질, 바다의 교향악을 그리워한다."라고 했을 때 만일 우리가 장·콕토의 귀가 기형적이라고 생각한다면 그것은 기막힌 넌센스일 것임이 틀림없다. 즉 장·콕토의 시적 표현을 객관적 사실로 받아들인다면 터무니없는 해석이 될 것이기 때문이다. 그런데 여기서 중요한 것은 "내 귀는 소라껍질"이란 말이 객관적이고 과학적인 사실은 아니지만 우리들에게 어떤 감동을 준다는 점이다. 왜 그것이 감동을 주는 것일까? 그 대답은 짧고 분명하다. 즉 그것은 객관적 사실은 아니지만 '진실'하기 때문이다.

여기에서 '사실'과 '진실'의 문제가 제기되는데, 한마디로 '사실'을 추구하는 것은 과학이고 '진실'을 목적으로 하는 것은 문학을 포함한 예술이다. 이러한 건조하고 딱딱한 얘기를 대신해서 문학적 언어에 대한 나의 생생한 경험을 한 토막 소개하는 것으로써 '사실'과 '진실' 혹은 언어의 두 가지 쓰임에 대한 설명에 대신하겠다.

지금부터 십여 년 전 늦은 가을의 일로 기억된다. 저녁을 먹은 후 나는 달성공원엘 갔다. 나의 옆에는 머리가 길고 눈빛이 서늘한, 그래서 언제나 내 가슴을 떨리게 한 S가 있었고 나는 두 장의 입장권을 샀다. 사방은 어둑어둑해서 수은등이 차츰 빛을 발하는 아주 낭만적인 시간이었고, 포도 위에는 몇 개 낙엽도 구르고 있었다. 사슴 우리를 지나고 어둠에 잦아드는 관풍루 앞으로 내려왔다가 우리들은 그 앞의 돌계단에서 '가위 바위 보'로 계단 먼저 내려가기 게임을 했다.

오리와 새들이 잠들기 시작하는 연못가를 거닐 때 S는 철책을 팅, 팅, 팅, 손으로 가볍게 퉁기면서 사뭇 즐거워했다. 물개와 불곰 우리 사이의 계단에서 우리들은 다시 '가위 바위 보' 게임을 했고, 아주 작고 하잘 것 없는 것을 놓고 고집도 부리며 토론도 했으며 많이 웃었고 그녀는 깡총걸음을 자주 걸었다.

우리는 상화시비(尙火詩碑) 앞에 나란히 섰다. 달이 휘영청 밝았지만 늦가을의 싸늘함 탓인지 사람들은 별로 다니지 않아서 주위는 고요했다. 우리는 이상화 시인과 그 일부가 새겨져 있는 「나의 침실로」라는 작품과, 특히 그 '마돈나'라는 여자 이름에 대해서 제멋대로 얘기했다. 내가 뭐라고 말했을 때였는데 그녀는 갑자기 머리를 젖히고 웃었다. 그때 그녀의 희게 드러난 치아에 달빛이 부딪쳐 반짝이던 순간을 나는 지금도 잊을 수 없다. 또한 머리를 뒤로 젖혔기 때문에 연하게 그늘지던 목 부분의 신비스러운 윤곽이 지금도 선명하게 떠오른다. 그녀가 한쪽 손으로 머리를 잡았을 때 그녀의 바바리코트 소매 끝에 희게 나와서 나풀거렸던 흰 블라우스의 빛깔 또한 지울 수 없는 기억으로 남아 있고, 그녀의 맑은 웃음소리도 역시 내 귓가에 아직껏 묻어 있는 듯하다.

그 날 저녁 달성공원에서 그녀는 요컨대 나에게 한 마리 나비였고 예쁜 부리를 갖고 있는 새새끼였고 날개옷을 입고 있는 안타까운 선녀였으며 기쁨의 이슬이었고 동시에 아픔의 가시이기도 했다. 그녀의 작은 숨결 하나도 어둠을 흔드는 바람이 될 수 있었고, 그녀의 짧은 눈빛 하나도 우주를 출렁이게 하는 힘이었으며 그녀의 모든 일거수일투족이 내게는 어떤 절대적인 비의(秘儀)로 비쳐졌다.

다리도 쉴 겸 우리들은 현재 어린이현장비가 있는 쪽으로(그때는 어린이헌장비가 없었고 시계탑 아래에 벤치가 한 개 놓여 있었다) 걸어 내려왔다. 우리는 벤치에 나란히 앉았다. 간혹 낙엽이 포도 위를 굴러갔고 산보객들이 지나가면서 우리들을 힐끔힐끔 돌아다보기도 했다. 그 날 나는 행복했다. 우리는 수수께끼, 어릴 적 이야기, 영화 이야기, 소설책, 군대 이야기 등 닥치는 대로 화제에 올려놓고 이리저리 재미있게 요리했다. 달빛은 깨끗했고 우리가 앉아 있던 낡은 벤치는 한없이 정답게 느껴졌다.

그로부터 1년인가 2년 후 늦은 가을 어느 날이었다. 하숙집에서 저녁상을 물리고 났을 때 나는 불현듯 S 생각이 났고, 그러자 그녀에 대한 그리움이 억제할 수 없이 나를 엄습해 왔다. 나는 달성공원엘 갔다. 그 날 나는 입장권을 한 장 밖에 살 필요가 없음을 슬퍼했다. 사슴 우리를 지나고 관풍루 아래 돌계단에서 나는 그녀와 가위바위 보를 했던 일을 회상했다. 연못가의 철책을 나는 그녀가 그랬던 것처럼 손바닥으로 텅, 텅, 텅, 쳐보았지만 그 소리는 차갑고 쓸쓸하게 끊어져 나가는 것이었다. 상화시비 앞에 혼자 기대어 서서 그녀가 머리를 젖히고 웃던 모습을 상기해 냈다. 그리고 그녀의 희게 드러난 치아에 달빛이 부딪쳐 반짝이던 순간과, 목 부분의 신비스러운 그늘과 바바리코트 소매 끝에 나와서 나풀거렸던 흰 블라우스 자락을 기억해 냈으며 그때까지 귓가에 남아 있던 그녀의 맑은 웃음조각을 생각했다.

나는 다시 현재 어린이헌장비가 있는 쪽의 시계탑 아래로 걸어갔다. 그리고 나는 보았다. 거기에는 벤치가, 지난해엔가 그녀와 나란히 앉았던 그 벤치가 그대로 거기 놓여 있었는데… 아 그 벤치가 한없이 외롭게 보였다. 그때 나는 입 속으로 중얼거렸다.

'벤치가 외롭구나!'

사실 그랬다. 벤치가 외로웠다. 지금 생각하면, 좀 더 객관적으로 생각하고 정확히 표현한다면, 절대로 벤치가 외로울 리는 없다. 벤치는 감정이 없는 한낱 물건에 불과하므로, 나는 그 말을 '아아, 벤치를 바라보는 내가 외롭구나!'라고 표현했어야 옳을 것이다. 그래야만 과학적이고 객관적이며 사실에 맞는 표현법일 것이다. 그럼에도 불구하고 나는 지금도 단언하건대 당시 내가 벤치 앞에 섰던 그때는 분명히 '벤치가 외로웠다.' 지금 생각해 보아도 벤치가 외롭다는 말은 참으로 진실한 표현이다.

정지용은 「유리창」이란 시에서 "유리에 차고 슬픈 것이 어른거린다"라고 쓰고 있다. 사실은 유리를 바라보는 시인 자신의 마음이

슬픈 것이지만 그 순간에는 오히려 유리에 차고 슬픈 것이 어른거린다고 함이 더 진실한 표현이 되고 있다. 마찬가지로 S와 이별한 후 그녀와의 추억을 안타깝게 하나씩 불러일으키면서 걷고 있던 나에게 그 벤치의 정직한 존재방식은 내 외로움의 표상이었던 것이다. 그 순간 나는 분명히 '벤치가 외롭다'고 본 것이다.

'벤치가 외롭다'는 말은 사실이 아니라 진실이다. 그것은 앞에서 말했던 것처럼 말의 두 가지 쓰임 중에서 정서적, 시적 의미로 언어를 사용하고 있는 하나의 좋은 보기이다.

과학의 발달을 위한 객관적이고 정확한 말의 사용은 매우 중요하다. 그러나 그것 못지않게 말의 정서적 울림을 우리는 소중하게 받아 드려야 한다. 전자가 삶의 편의를 제공하는 것이라면 후자는 삶의 의미를 창조하는 것이기 때문이다. 따라서 우리는 사실과 진실이라는 두 개의 차원을 늘 서로 잘 융화시켜야 할 것이다. '벤치가 놓여 있다.'는 '사실'에 못지않게 '벤치가 외롭다.'는 '진실'도 중요한 것이기 때문이다.

(『신비』, 1982)

진정한 미인

군대 시절 나는 100미터 미인, 10미터 미인 혹은 1미터 미인 따위의 말을 만들어 떠들어댄 적이 있다. 삭막한 병영훈련을 받다가 모처럼 외출을 하게 되면 길거리에 다니는 모든 여자들은 하나같이 클레오파트라였고 그들의 미소는 모나리자의 그것처럼 신비스러웠으며 한없이 가슴을 설레게 했다. 그러나 4개월의 기나긴 후보생 과정을 마치고 임관할 무렵에는 그러한 맹목의 미인들이 차츰 비판적인 저울대 위에서 봄눈처럼 사라지기 시작하고 그들의 아름다움은 등급이 매겨지게 되었다.

모든 여자는 100미터 밖에서 볼 때는 누구나가 미인이었지만 10미터쯤 가까이 다가서면 상당수가 미인의 범위 밖으로 밀려나가고 1미터 가까이에 접근하면 유감스럽게도 더 적은 숫자로 줄어들었다. 그런데 아주 운이 좋게 그러한 미인 중의 한 사람과 인연이 되어 찻집에 마주앉아 커피라도 마시면서 대화를 나누게 되면 5분도 되기 전에 무교양한 태도나 얘기의 내용 때문에 그녀의 얼굴에 신비스럽게 어울려 가슴 설레게 했던 이목구비가 쇼윈도 속의 마네킹의 그것처럼 답답하게 변하여 금방 싫증이 나기도 했다.

그래서 나는 100미터 미인이니 10미터 미인이니 하는 따위의 등급, 다시 말해서 공간적인 거리로 미인의 등급을 정하는 것은 옳지 못하다고 결론짓게 되어 미인의 기준을 시간단위로 설정하기로 했다.

지금도 잊혀 지지 않는 일이 하나 있다. 대구로 배속을 받아 동촌 비행장에 근무하던 무렵, 시내버스에서 있었던 일을 나는 결코 잊을 수 없다.

내 옆에 진짜 클레오파트라가 서 있었다. 길고 검은 머리, 희고 눈부신 피부, 크고 신비스러운 눈, 부드러운 입술과 이지적인 콧날 그리고 시원하고 깨끗한 목을 가진 그녀는 그야말로 미의 여신처럼 보였다. 어쩌다가 그녀의 신비스러운 눈과 마주쳤을 때, 그때 나는 내 몸 전체가 녹아버릴 것 같은 두려움마저 느꼈으며, "아름다움은 두려움의 시초"라는 릴케의 시구절을 처음으로 실감할 수 있었다.

바로 그 순간이었다. 버스가 삐익 소리를 내며 급정거를 한 것은… 버스 안에 서 있던 사람들이 관성에 의해 앞쪽으로 쏠렸고 마침 그 여자 옆에 서 있던 중학생이 그녀의 윤기 나는 하이힐을 밟은 것은 어쩔 수 없는 일이었다. 그 순간 그녀는 한 옥타브쯤 높은 금속성의 목소리로 매우 숙녀답지 못한 상스러운 욕을 하면서 흰자위가 많이 드러난 눈으로 어쩔 줄 몰라 하는 그 가련한 중학생을 노려보았다. 나는 그때 그녀의 매니큐어를 바른 길고 날카로운 손톱에서 드라큘라의 이빨을 연상했고, 높은 톤의 목소리와 유리조각 같은 눈길에서 동화책에 나오는 마귀할멈의 그것을 보는 것처럼 오싹 소름이 끼쳤다. 그 다음 그녀의 슬프리만큼 아름답던 모습은 거짓말처럼 산산조각이 나고 말았다.

요컨대 그녀는 3분 미인이었다. 처음 보았을 때부터 중학생이 발을 밟았을 때까지 시간이 겨우 3분 정도였으니까….

우리는 누구나 미인이 되고 싶어 한다. 아름다움은 인간이 추구하는 최고의 가치 중의 하나이다. 최고의 가치라면 그 미도 영원한 것이어야 한다. 3분 후에 파괴되는 미인은 따라서 참된 미인일 수 없다. 참된 미인이라면 영원히 아름다워야 한다. 그러나 슬프게도 이 세상에서 눈에 보이는 모든 것은 다 변한다. 얼마 전 외국 잡지에서 본 엘리자베스 테일러도 20년 전 그녀의 아름다움에 비하면 비애마저 느끼게 한다. 지금 이 시간 거울 앞에서 나르시스적인 도취에 빠져있는 소녀들도 그들의 50년 후의 얼굴을 상상해본다면 눈에 보이는 아름다움이 얼마나 덧없는 것인가를 느낄 수 있을 것이다.

대학 시절, 나는 같은 학과의 한 여학생에게 열중했던 일이 있었다. 그러나 나는 처음 그녀를 보았을 때를 기억하지 못한다. 그만큼 그녀는 별로 눈에 띄지도 않았고 아주 평범했으며 아무도 그녀를 미인이라고 말하지 않았다. 그런데 차츰 시간이 지나면서 나는 나도 모르게 강의실에서 그녀 옆자리에 앉고 싶었고 그녀와 함께 걷고 싶어졌으며 그녀와 함께 찻집에서 마주 앉으면 공연히 즐거웠다. 데이트를 하고 헤어질 때면 걱정스러워져 그녀를 집 앞까지 바래다주게 되었고 더 시간이 지나자 그녀는 나의 가슴 속에 매우 중요한 사람으로 자리 잡게 되었다. 눈이나 코, 입이나 귀가 특별히 아름다운 데는 없었지만, 그럼에도 불구하고 그녀는 그 시절 나에게 부정할 수 없는 미인이었다.

그녀는 어디가 아름다웠던가? 그것은 눈에 보이는 부분이 아니었고 육체 속에 숨어있는 내면적인 무엇이었음에 틀림없다. 길에서 손을 내미는 걸인의 눈꼽 낀 얼굴을 보았을 때 그녀의 동정어린 표정, 강의실에서 교수의 강의에 귀를 기울이고 앉아있던 단정한 몸매, 어느 날 교정에서 우연히 네잎 클로버를 찾았을 때의 천진스럽게 즐거워하던 얼굴, 시험 공부할 때 도서관에 늦게까지 혼자 남아 책에 몰입하던 뒷모습, 함께 영화관에 갔을 때 별로 슬프지도 않던 장면을 보고 몰래 손수건으로 눈물을 훔치던 손길… 그런 것들 속에 그녀의 아름다움은 깊숙이 숨겨져 있었던 것이었다.

생떽쥐베리는 어린왕자에서 말하고 있다. "중요한 것은 눈에 보이지 않는다." 그리고 "사막이 아름다운 까닭은 어딘가에 샘물을 숨겨갖고 있기 때문이다."라고.

진정한 아름다움은 확실히 눈에 보이는 것이 아니다. 눈에 보이는 모든 것은 헤라클레이토스의 말처럼 변하기 때문이다. 20대의 윤기 흐르는 머리칼과 싱싱한 피부의 아름다움은 30년 후의 백발과 주름살에게 맥없이 무너지게 마련이다.

아름다운 사람, 진정한 의미에서 참된 미인은 1미터 미인도 3분 미인도 아니다. 그는 공간의 원근에 관계없이, 시간의 가차 없는 파도에도 씻기지 않는 아름다움을 간직한 사람임에 틀림없다. 그런 사람은 눈에 보이지 않는 아름다움의 샘물을 그의 내면에 숨겨 갖고 있어서 그 샘물로 하여 언제나 맑고 깨끗하며 세월이 가도 끊임없이 새로운 매력을 뿜어내는 것이다. 그렇다. 중요한 것은 눈에 보이지 않는 것처럼, 진정한 미인은 가시적인 얼굴 뒤에 아름다움의 샘물을 숨겨갖고 있는 사람임에 틀림없다.

(『신비』, 1984)

생각의 틀

말은 생각을 명료하게 결정시키는 사고의 틀이다. 우리들의 애매모호한 생각들은 언어를 통해서 분명해진다. 마치 붕어빵 틀처럼 막연한 느낌이나 생각을 분명하게 찍어내어 형상화시켜 준다. 나는 아직 어린 시절에 그러한 사실을 확실하게 경험한 적이 있다.

내가 초등학교 6학년 때 우리 집이 이사를 해서 얼마 되지 않았을 무렵이었다. 어느 날 나는 학교에서 돌아오다가 우리 집 건너편 파란 대문집 앞의 계단 위에 한 소녀가 앉아 있는 모습을 보았다. 그 소녀는 주홍색 세타를 입고 로뎅의 생각하는 사람처럼 오른쪽 팔꿈치를 무릎에 대고 팔을 세워 손으로는 턱을 괴고 앉아 있었다. 긴 머리를 어깨까지 늘어뜨리고 비스듬히 앉아 있는 모습이 마치 누나의 미술책에서 보았던 르노와르의 「이레느 까앙 당베르 양의 초상」 같았는데, 그 때 마침 빨간 저녁놀이 그 애의 주홍빛 세타에 반사되어 얼굴을 장미꽃빛으로 물들이고 있었다. 나는 무심히 그 소녀를 쳐다보고 우리 집으로 들어갔다. 방에 들어서서 책가방을 내려놓고 나는 책상 앞에 앉아서 공연히 책상 설합을 열었다 닫았다 하고, 책꽂이의 책을 뽑았다 꽂았다 했다. 웬일인지 자꾸만 파란 대문집 앞의 계단 위에 로뎅의 생각하는 사람처럼 앉아 있던, 빨간 노을빛이 그 소녀의 주홍색 세타에 반사되어 얼굴을 장미꽃빛으로 물들여 마치 르노와르의 당베르 양의 초상처럼 보이게 했던, 그 소녀의 모습이 눈앞에 삼삼했다. 나는 공연히 부엌으로 가서 물을 떠 마시고, 마당에 나가 수도꼭지를 틀어 마당에 물을 뿌려보다가 마침내 대문을 열었다. 그리고는 건너편의 파란 대문 집 앞의 계단을 올려다보았는데, 그때, 나는 대단히 섭섭하고 쓸쓸함을 느꼈다.

웬일인지 나는 그날 저녁을 먹을 때 밥맛이 없었고, 밤에 숙제를 할 때는 글씨가 흔들려 보였으며, 잠자리에 들었을 때는 노을빛에 반사되어 장미꽃 빛으로 물든, 르노와르의 그림 같은 그 소녀의 모습이 자꾸만 눈앞에 아른거리고 지워지지 않았다. 그 모습의 아른거림은 다음날 학교에서도, 그리고 하교해서 집에 돌아올 때도 지속되었다. 그 당시 이제 겨우 국민학교 6학년이었던 나는 왜 숙제할 때 책의 활자들이 흔들려 보였고, 왜 밥맛이 없었으며, 왜 잠이 오지 않고 그 긴 머리가 어깨까지 늘어졌던 파란 대문집 앞의 계단 위에서 로댕의 생각하는 사람처럼 앉아 있던, 그리하여 주홍색 세타에 반사된 노을빛이 얼굴을 장미꽃 빛으로 물들이던 그 소녀의 모습이 자꾸만 아른거리는지를 알 수가 없었다.

다음날 저녁, 일기를 쓰면서 나는 이렇게 적었다.

"그립다. 이름이 무엇일까? 나는 그 아이를 사랑한다."

그리고 나서 나는 스스로 놀랍고 어색하고 부끄러워서 얼른 그것을 지워버렸다. 혹시 나의 일기장을 누군가에게 들켜버리면 너무나 부끄러울 것 같았다. 그러나 바로 그 순간, 나는 분명하고 확실한 것을 깨달았다. 내가 '그리움'과 '사랑'이라는 단어를 썼을 때, 그리고 그 단어를 나지막하게 입 속으로 발음하여 언성화(言成化)했을 때, 나는 한 순간에 모든 이유, 왜 밥맛이 없고, 공부가 안되고, 잠이 오지 않았는지 하는 이유들을 알 수 있었다. 아하, 그 안타까운, 표현할 수 없는 기분은 바로 생전 처음 구체적으로 이성에 대해 느꼈던 '그리움'이고 '사랑'이었던 것이었다. 그러한 단어를 쓰는 순간, 나의 이름할 수 없는, 청정한 소년적인 안타까움이 마치 붕어빵 틀에 찍혀 나오는 붕어빵처럼 '그리움'과 '사랑'이라는 분명한 개념으로 확실해지는 것이었다.

바로 그것이었다. 말은 무엇인가 막연하고 불확실한 느낌이나 생각을 분명하고 확실하게 형상화해 주는 것, 즉 생각의 틀이었던 것이다. 그러므로 말이 불분명하다는 것은 생각이 불분명하다는 것이고, 말이 거칠다는 것은 생각이 거칠다는 것이며, 깡패 같은 말을 쓴다는 것은 그가 깡패이기(깡패의 생각을 가졌기) 때문이다. 우리가 언어생활에 유의해야 하는 이유는 바로 언어가 사고의 틀이며 생각을 지배하기 때문인 것이다.

(『사회교육』, 1995)

시간 지키기

나는 강의시간에 늦게 들어오는 학생들을 보면 대단히 짜증스럽다. 물 흐르듯 유연하게 진행되어야 할 강의가 그 짜증으로 해서 끊어지고, 딱딱한 내용을 부드럽고 재미있게 해 주는 윤활유 같은 유머감각이 위축되기 때문에 나는 지각생에 대해서는 매우 엄격하고 쩨쩨한 편이다. 지각생 때문에 잠시 짜증스러운 표정을 짓다가 다시 미소를 짓기란 매우 힘들고 어색한 일이어서 그대로 진행하다보면 강의가 딱딱하고 건조해지게 되므로 학생들은 지루해지고 흥미를 잃게 된다. 그래서 나는 강의실에 늦게 들어오는 학생이 없도록 하기 위해서 일단 강의가 시작되면 문을 닫아버린다. 그래도 간혹 10분이나 20분쯤 지나서 닫힌 문을 밀고 들어오는 학생들이 있는데, 그럴 때면 나의 짜증은 폭발한다.

“학생, 나가요, 나가!”

모든 학생들이 갑작스런 나의 호통에 눈을 크게 뜨고 지각생과 나를 번갈아 바라본다. 지각한 학생은 나의 험악한 표정과 강한 어조에 눌려 그대로 나가버리지만, 어떤 학생은 부득부득 고집을 피우며 자리를 찾아 앉기도 한다. 그러면 나는 자존심이 상하고 더 기분이 나빠져서 끝내 그 학생을 퇴장시키고 만다. 그리고 나면 그 시간의 수업은 상당 부분 망가져버리고 만다.

이러한 나의 강경한 태도에 대해서 불만을 가지는 학생들이 더러 있다. 언젠가는 이런 일도 있었다. 한 참 강의 중인데 한 학생이 갑자기 손을 번쩍 들고,

“교수님, 드릴 말씀이 있습니다.”

하고 말했다. 교양과목의 합반 수업이었으므로 백 오륙십 명쯤 되는 학생들이 갑자기 조용해지고 모두 손든 학생을 진지하고 호기심 어린 눈으로 주목했다.

“말해 보세요, 학생”

내가 허락하자 그는 자리에서 벌떡 일어나더니 크고 분명한 목소리로,

“교수님, 교수님은 지각하는 학생들에 대해서 너무 지나치게 대합니다. 사람이 살다보면(이 학생은 ‘학생이 등교하다보면’이란 말을 이렇게 표현했다.) 좀 늦을 수도 있는 게 아닙니까? 우리는 기계가 아닌 인간이 아닙니까? 더구나 시를 쓰신다는 교수님이 그렇게

답답할 수 있습니까? 저는 지금까지 교수님처럼 그렇게 고지식하고 융통성이 없는 사람은 처음 보았습니다!"

라고 웅변조로 말하고 제자리에 앉았는데, 아마도 그 학생은 그런 불만을 공개적으로 토로하려고 벼르고 있었던 것 같았다. 그러자 일부 학생들이

"옳소!"

하고 동조하기도 했고, 일부는 쿡쿡 웃기도 해서 수업 분위기가 갑자기 술렁거렸다. 나는 여기서 후퇴하면 안 된다는 생각을 하면서 아주 단호하고 엄격하게 말했다.

"좋은 지적을 했습니다, 학생!, 사람은 기계가 아니지요, 그래서 지각도 할 수 있겠죠. 맞아요, 물론 지각할 수 있습니다. 그럼에도 불구하고 나는 앞으로도 지각하는 학생들은 단연코 용납하지 않겠습니다. 전에 수업분위기를 위해서 지각하면 들어오지 말고 결석을 하라고 말한 적이 있었지요. 학생이 수업시간을 엄수하는 일은 너무나 당연하고 중요한 일입니다. 그리고 나에게 융통성을 좀 가지라는 충고는 고맙지만, 그렇지만 나는 분명하게 말합니다. 학교는 융통성 보다 더 먼저 원칙을 가르치는 곳입니다. 학교에서 힘들여서 원칙을 가르쳐 놓아도 사회에 나가면 거의 부득이하게 반칙을 하게 되는 일이 많습니다. 고지식하고 융통성 없이 원칙대로 행하도록 노력하는 실습의 장이 학교라고 나는 생각하기 때문에 앞으로도 수업시간에 반칙을 하는 지각생은 교실 입장을 허용하지 않겠습

니다."

나는 생각한다. 인간관계의 출발은 서로의 신뢰 속에서 가능하고 신뢰는 정해진 룰을 존중하고 지켜나갈 때 쌓이는 것일 것이다. 이 때 룰이란 다름 아닌 약속이다. 그러데 대체로 많은 약속들의 구체적인 경우는 시간약속이다. 약속을 이행하지 않는 것은 상대방을 무시하는 처사이고 불성실한 태도이다. 그런 태도에서 불신이 싹트는 것이 아닌가? 현대생활에서 약속의 기본은 대체로 시간약속에서 출발된다고 생각된다.

한 때 우리사회에는 '코리언타임'이라는 말이 유행했다. 한국인의 느슨한 시간관념과 시간을 지키지 않는 나쁜 습관을 비꼰 서양말이었는데, 그것을 별로 부끄러워하지 않고 지내는 사람들이 많았다. 가만히 생각해보면 우리는 농경사회를 유지해 오면서 시간단위를 서양의 그것처럼 세분하거나 분명히 하지 않았기 때문일 것이다. 시, 분, 초가 아니라 막연하게 한참이니 두참 혹은 새참(사이) 또는 식전, 어스름, 해거름 등의 매우 애매하고도 모호한 시간 단위를 썼기 때문에 시간관념이 허술해진 게 아닌가 짐작된다. 그러나 현대의 산업사회에서는 그러한 너그럽고 여유 있는 시간단위는 용납될 수 없다. 분초를 아끼고 다루어야 할 우리 시대에는 무엇보다도 시간관념이 확실하고 분명해야 한다. 요즘에는 손목에 차고 다니는 시계조차도 시간(아날로그)이 아니라 시각(디지털)을 냉정하게 가리키고 있지 않는가?

그러나 요즘에도 우리는 주위에서 코리언타임의 잔재가 더러 남아 있음을 본다. 그것은 특히 부끄럽게도 우리 어른들 사이에 많다. 시간 약속에 일이십 분 심지어는 한 시간 가까이나 늦는 경우도 보는데, 살다보면, 이것저것 하다보면 그럴 수도 있지 뭐… 하고 피차가 서로 너그럽게 이해해(?)주면서 은연중에 자신의 다음번 지각을 심리적으로 예비해(?) 놓는다. 그러나 현대사회에서는 확실히 시간은 금이고, 문자 그대로 '타임 이즈 머니'이다. 만일 남의 돈을 빼앗으면 그는 용서할 수 없는 강도일 텐데 왜 남의 시간을 빼앗는 데는 그토록 무신경하고 너그러운가?

모든 약속은 약속이기 때문에 지켜져야 한다. 정치가가 국민에게 한 약속, 사용주가 근로자에게 한 약속, 선생이 학생에게 한 약속, 연인들끼리 손가락을 걸고 속삭인 약속도 그것이 약속인 한 지켜져야 한다. 가만히 생각해보면 우리는 끊임없이 약속을 해가고 수많은 약속 속에서 살고 있다. 그런데 그 약속들 중에서 가장 일상적이고 기본적인 약속 중의 하나가 시간약속이다. 그러므로 나는 단언한다. 시간 약속을 잘 지키지 않는 사람은 대체로 믿을 수 없는 사람이다. 따라서 나는 앞으로도 강의시간에 지각하는 학생들에게는 고지식하고 융통성 없이, 쩨쩨하게, 짜증을 부리면서 단연코 강의실 입장을 허용하지 않을 것이다. 학생이 그의 가장 중요한 일이라고 할 수 있는 강의에 출석을 그 출발부터 어겨서 되겠는가?

(『평생교육』, 1989)

기다릴 줄 아십니까?

권두칼럼 「생느 명상」의 '명상'이라는 낱말을 대하니 문득 헤르만 헤세의 소설 「싯다르타」의 한 장면이 떠오른다. 전통적인 사문의 수행방법을 버리고 세속을 통해서 해탈의 경지에 이르는 주인공이 한때 사랑을 나누었던 여인과의 첫 대면의 대화 장면이다.

"당신은 대체 무엇을 할 수 있이요?"

하고 아름다운 창녀 카말라가 묻자 싯다르타는 대답한다.

"나는 명상할 수 있습니다(원문은 "Ich kann denken"이므로 명상보다는 사색이 가깝지만, 소설의 분위기로 보아 '명상(meditieren)'으로 번역한 것이 많다.). 나는 기다릴 수 있습니다. 나는 단식할 수 있습니다."

"그밖에 또 할 수 있는 일은 없나요?"

"없어요, 그러나 나는 시를 지을 줄 알아요."

생각해보면 명상이나 기다림 그리고 단식과 시 짓는 일은 창녀 카말라의 기준으로는 쓸모없는 일들이다. 그러나 깊이 들여다보면 싯다르타가 말하는 명상, 기다림, 단식 그리고 시는 당시 사문들에게만 요구되는 덕목일 뿐만 아니라 우리들에게도 근원적인 삶의 문제를 풀어 가는데 필요한 일들이다. 그럼에도 사실은 바쁜 현실에 쫓기는 사람들에게는 가장 쓸모없는 낭비적 요소로 비쳐지는 모양이다. 그런 뜻에서 헤르만 헤세는 바로 일상에 쫓기는 우리들에게 가장 결핍된, 그러나 대단히 중요한 삶의 덕목들을 지적하고 있다.

생각해 보자. 명상이란 외부 현실에 사로잡혀 시달리고 있는 우리의 의식, 즉 자신을 잊고 늘 밖으로 향해 있는 우리의 마음을 내면세계로 되돌려 자신을 찾아가는 행위이다. 그래서 그것은 일찍부터 종교적인 수행법으로 많이 쓰였는데, 요즘은 마음을 정화시켜 심리적인 안정을 얻고 육체적인 휴식을 위한 건강법의 하나로 주목받고 있다. 근래 유행처럼 명상에 관한 책들이 쏟아져 나오고 많은 명상센터가 설립되는 현상은 역설적으로 우리 현대인들이 명상하지 않고 있음을 드러내는 것이다.

단식도 그렇다. 기독교의 사순절(四旬節) 금식기도나 이슬람의 엄격한 수행의식의 하나로서 또는 극기와 선덕(善德)의 방법으로 단식을 행하는 힌두교를 보면 그것은 중요한 종교적인 수행법의 하나라 할 수 있다. 사실 인간의 가장 큰 욕망의 하나인 식욕을 절제

하고 다스린다는 것은 인간의 조건을 초월하려는 노력이므로 종교적인 수행이 되는 것은 자연스럽다. 그런데 오늘날에 와서는 건강법의 하나가 되어 여기저기 수많은 단식원이 생기는 것도 진정한 의미에서 우리는 단식할 줄 모르기 때문일 것이다.

또한 시 짓기(dichten)는 어떤가? 원래 시란 어쩌면 신의 말을 받아쓰는(diktieren) 일이 아니었던가? 그러나 신화적인 언어(미토스)가 철저히 무너진 시대, 그리하여 과학적이고 논리적인 언어(로고스)만이 존중되는 이 시대에 시 짓기란 어쩌면 허망한 일이 아닐까? 더구나 요즘과 같이 철저한 경제논리 시대에 피안의 무지개를 가리키는 시적 언어가 무슨 소용이 있는가? 그럼에도 불구하고 문학적 상상력을 얘기하고 각 대학의 문예창작과가 생겨나는 것을 보면 시의 옷(표현방식)은 다소 변했을지 몰라도 시의 몸(시정신)은 인류문화의 중요한 요소로 이어질 듯하다.

어쨌든 앞에서 인용했던 싯다르타의 네 가지 덕목 중에서 명상, 단식 그리고 작시(作詩)는 외면되면서도 어느 정도 이어지고 있지만, 기다림의 미덕은 거의 사라지고 있는 게 아닌가 하는 생각이 든다. 아니, 요즘은 기다림을 미덕이라고 할 수 있을는지 조차도 모르겠다. 왜냐하면 요즘 젊은이들에게 기다림이란 낭비이고 어리석음처럼 보일 것이기 때문이다. 그렇게 되는 가장 가시적인 이유 중의 한 예를 우리는 휴대전화에서 쉽게 찾을 수 있다.

휴대전화, 그것은 요즘 사람들에게 신발이나 옷처럼 필수품이 되었다. 강도에게 납치되어 자동차 트렁크에 갇힌 사람이 휴대전화 덕분에 살아나고, 지하철 화재로 죽어 가는 이들이 휴대전화로 남긴 메시지들은 얼마나 절절한 아픔으로 살아남은 사람들 가슴에 각인되었는지 말로 표현하기 힘들다. 그런 것을 보면 휴대전화란 정말 엄청난 이기(利器)이다. 그런데 바로 그 이기가 〈기다림〉의 미덕을 증발시키고 있다.

옛날에는 연인들이 만날 약속을 하면 약속 장소에 먼저 도착한 사람은 가슴을 설레면서 상대가 나타나길 기다렸다. 기다림의 시간은 보통의 일상적인 시간과 그 느낌의 정도가 다르다. 일각여삼추(一刻如三秋)라는 말도 있듯이 경우에 따라서는 매우 짧은 시간도 대단히 길게 느껴진다. 약속시간이 지났는데 상대방이 나타나지 않으면 초조해진다. 초조함을 달래기 위해서 차 한 잔 시켜놓고 자주 시계를 본다. 70년대에 유행하던 가요의 구절, '커피 한 잔을 시켜놓고, 그대 올 때를 기다려 봐도, 웬일인지 오지를 않네, 내 속을 태우는구료'는 약속한 시간이 지났는데도 아직 나타나지 않는 연인을 기다리는 안타까운 심경을 잘 나타내고 있다. 그런데 요즘 젊은이들은 그렇게 기다릴 필요가 없다. 휴대전화 덕분이다. 때와 장소에 관계없이 그들은 마음대로 휴대전화를 통해서 상대방과 소통할 수 있기 때문이다. "지금 어디쯤인데, 자기, 지금 어디야? 응, 그래? 그럼 1분 내에 도착할게"하면서 말이다.

요즘에는 남자아이들도 요리, 바느질 모두 잘 하는데 꼭 한 가지,

밥을 할 때 뜸들이기를 못한다는 이어령 선생의 글을 읽은 적이 있다. '뜸들인다'는 것은 기다린다는 것이다. 밥을 앉혀놓고 불을 피웠다가 밥이 다 되면 불을 약하게 하거나 꺼놓고 잠시 기다려야 한다. 뜸들이기인 것이다. 뜸을 들이지 않으면 밥이 설익는다. 그러나 요즘에 와서는 그럴 필요조차 없어진 것 듯하다. 전자밥통이 알아서 밥이 다 되었으니 밥솥을 열어도 좋다는 신호를 보내오기 때문이다. 그러니 기다릴 필요가 없어진 게 아닌가? 그러니 요즘 젊은이들이 세월을 낚는다는 '강태공의 낚시' 같은 기다림의 철학을 어찌 이해할 수 있으랴. 어린 시절 새 옷을 입고 싶어 설날을 손꼽아 기다리던 경험이 없는 요즘 젊은이들이 기다림의 의미를 알 수 있을까? 그들이 장사 나간 남편이 돌아오기를 기다리는 저 백제 여인의 정읍사에 진정으로 감동할 수 있을까?

기다림은 견딤이고 인내이다. 견딤과 인내는 미덕이다. 그러나 현대에는 그러한 미덕이 필요 없게 된 것처럼 보인다. 하기야 요즘은 겨울에도 봄나물과 여름과일을 먹을 수 있는 시대이니 계절인들 기다릴 필요가 있는가? 또한 길게 줄을 서서 기다리며 기차표를 살 필요가 없고(인터넷으로 예매했으므로) 찻집에서 커피 한 잔을 시켜놓고 그대 오길 기다릴 필요가 없다(휴대전화가 있으므로). 그러니 기다림을 덕목이니 미학이니 하는 것은 말이 아니라 발음에 불과한 게 아닌가? 기다림은 오히려 낭비이고 어리석음일 뿐이다. 그렇다면 저 싯다르타의 '기다릴 줄 안다'는 말은 정말 쓸데없는 낭비일까?

그럼에도 불구하고 기다려야 할 것은 기다려야 하는 게 아닌가? 우리는 모두 시간 속에 있다. 그것은 건너뛰고 싶어도 건너 뛸 수 없는 삶의 지평이다. 즉석 햄버거와 오래된 포도주는 같은 차원에서 논의될 수 없다. 편리함과 고귀함은 같은 수 없고, 신속함과 소중함은 서로 다른 가치이다. 결혼하면 아무리 마음이 급해도 지루하고 힘든 열 달을 기다려야 비로소 아기를 안아볼 수 있는 게 아닌가?

오늘 아침, 아름다운 여인 카말라가, 당신도 싯다르타처럼 기다릴 줄 알아요? 라고 묻는다면, 아, 나는 기다릴 필요가 없어요, 휴대전화가 있으니까요. 라고 대답할 것인가?

(『생각과 느낌』, 2003, 봄)

그 교생 선생님

그 교생 선생님…. 내가 오늘 갑자기 그분을 떠올린 것은 우리 동창회보에 글 한편을 쓰기로 약속했던 것 때문이다. 동창들끼리 읽을 얘기라면 아무래도 공동의 추억 한 페이지를 펼쳐보는 것이 재미난 일일 터이니까.

고교 2학년 봄, 기억이 희미하지만, 사대에서 교생실습 나온 병아리(?) 선생님들과 월요일 조회시간에 강당에서 첫인사를 할 때였다. 남자 교생의 수가 훨씬 많은데도 불구하고 대표 인사를 하러 강단에 올라선 분은 뜻밖에(?) 날렵한 여자교생이었다.

"창밖에는 봄비가 보슬보슬 내립니다. 싹 오른 나뭇잎이 봄비에 파릇파릇 한결 더 생기가 넘칩니다…."

이런 식으로 서두를 꺼내자 학생들은 단번에 강당이 떠나갈 듯이 까르르 웃어댔고, 앞쪽에 서 계시던 선생님들도 슬그머니 미소를 띠우면서 뒤를 돌아다 보셨다. 그런 경우 마땅히 당황해 할 당사자, 그 병아리 교생 선생님은 오히려 하얀 이를 드러내고 우리들과 함께 활짝 웃은 후, 여유 있고 당당하게 연설을 마쳤다. 그 날부터 당장 그녀(?)는 우리들의 관심의 표적이 되었다.

학생에게 가장 신나는 시간은 휴강시간, 마침 우리 반에 휴강이 있던 날 우리들은 반장에게 당장 그 교생 선생님을 데려(?)오라고 강권했고, 곧 그 선생님이 우리 반에 들어오셨다. 우리들은 박수를 쳐서 그 선생님께 환영과 호의를 표시하고는 인사가 끝나자 곧 중구난방으로 떠들었다.

"선생님, 노래 한 곡 불러 보세요. 아니, 연애 얘기해 주세요! 선생님은 어떤 타입의 남자를 좋아하세요? 애정과 우정의 차이를 말해 주세요. 선생님 애인 있어요? 이성간에도 우정이 가능하다고 보십니까? 우리 부고 남학생을 어떻게 생각합니까?"

그 선생님은 손뼉을 쳐서 우리를 잠시 조용히 하도록 하고는 한 사람씩 손들고 말하게 했다. 그리고 그 많은 요구사항을 번호를 붙여서 칠판에 쓰고는 이 모든 것을 차례대로 시간이 허락하는 한 다 들어주겠다고 말했다. 그런데 그 요구 중 가장 많은 것은 '연애'에 관한 것이었다. 그분은 미리 준비라도 해 온 것처럼 칠판 가득 연애에 관한 속담과 금언을 아무 것도 보지 않고 빠르게 적어나갔다. 예를 들면, '사랑한다는 것은 자기를 추월한다는 것이다(O. 와일드).'

'연애는 생명의 꽃이다(A. 로댕).' '연애는 정열의 파도에 좌우되지만, 우정은 고요하고 안정된 흐름이 이끈다(A. 모로아).' '연애가 주는 최고의 행복은 사랑하는 자의 손을 처음 쥐는 일이다(스탕달).' '우정은 은은한 숯불이나 연애는 섬광 같은 불빛이다.' 이런 것들이었는데, 그 많은 말들을 순전히 기억 속에서 끄집어내는 것이었다. 우리들은 놀랐다. 그분의 비상한 기억력, 연애에 관한 한 모든 이론을 다 알고 있다는 듯한 표정과 자신감… 그리고는 그 아포리즘에 대한 명쾌한 해설… 나중에는 노래까지 멋지게 한 곡 불러서 우리 반 아이들을 완전히 매료시켰다. 그런 까닭인지 그 선생님은 특히 우리 반 아이들에게 인기가 좋아서 실습이 끝나는 날 우리는 다시 그분을 초대하여 환송 파티(?)를 했고, 그분은 그 때 양산도라는 민요를 불렀는데 그 노래 솜씨로 다시 우리들의 가슴을 두근거리게 했다.

나는 그 교생선생님에게 매혹되었다. 어떻게 하면 그 선생님과 대화라도 나눌 수 있을까, 궁리하다가(그분이 수학 선생님이었으므로) 수학 문제 하나를 가지고 교생실로 찾아갔다. 무슨 얘기를 어떻게 했는지는 지금 기억나지 않지만, 그 후에 4차원에 관한 질문을 준비하여 한 번 더 만났다. 그리고는 그 선생님을 매일 생각했다. 활짝 웃는 웃음, 고른 치아, 당당한 걸음걸이, 재기 넘치는 눈빛… 나보다 다섯 살쯤 많을 것이라는 사실이 그 선생님과 나를 막는 현실의 벽이라는 생각을 했다. 그러나 나는 조세핀이 나폴레옹

보다 여섯 살 연상이고, 셰익스피어는 여덟 살이나 많은 여자와 결혼했다는 사실을 생각하면서 은근히 스스로를 위로했다. 그리하여 용기를 내어서 딱 한번 편지를 써 보냈는데, 정직하게 고백하지만, 물론 나는 그 편지 속에 그 선생님에 대한 나의 분홍빛 감정을 쓰지 못했다. 얼마 후에 답장을 받았는데, 두근거리며 뜯어 본 흰 봉투 속에는 아래쪽에 톱날 무늬를 넣은 빳빳한 하늘색 종이가 들어 있었고, 그 위에 세로로 내려쓴 흘림체의 글씨가 눈에 들어왔다. 물론 선생님이 제자에게 보내는 모범작문 같은 편지라서 그 내용은 잊었지만 「문학소년 이진흥 군에게」로 시작된 첫 구절은 지금도 생생하다. 아마도 그 선생님으로부터 처음 들었던 그 '문학소년'이라는 칭호(?)가 나를 문학의 길로 가게 했던 여러 동기 중의 하나가 된 것 같기도 하다.

그 후 2학년이 끝나는 봄방학 때 공부를 한답시고 용두동의 사대 도서관에 갔다가 열람실에서 그 선생님을 한 번 더 보았다. 초록색 머플러를 쓴 그분이 두꺼운 책을 펼쳐놓고 무엇인지 쓰고 있었다. 두근거리는 가슴으로 더듬거려 인사를 하자 활짝 웃으면서 반색을 하는 그분 옆에는 그레고리 펙 같은 남자가 다정한 미소를 띠고 앉아 있었다. 그 선생님은 그를 자신의 약혼자라면서 함께 곧 미국으로 유학을 떠날 것이라는 이야기를 했다. 그 얘기를 듣는 순간 왠지 미국이라는 나라가 아주 먼 비현실적인 곳처럼 느껴졌다. 그리고는 그 후에 전혀 소식을 모른다. 그러므로 아쉽게도 이 얘기의 후일

담은 없다. 혹시 마음만 먹는다면, 2학년 때 교생으로 오셨던 그 수학 선생님을 찾을 수 있을는지도 모르지만….

감성이 맑던 고등학교 시설을 돌이본다면 누구나 그립고 안타까운 얘기들을 가슴속에 한 두 개쯤은 묻어 두었을 것이다. 그런 안타까운 사연 속에 들어있던 기쁨과 아픔들이 우리들의 청춘을 키워준 영양분이 되었을 것이고, 지금은 희미하게 바랜 추억의 갈피 속에 그래도 아름다운 흔적으로 남아있을 것이다. 대개 사춘기 소년시절에 한두 번 경험하듯, 나에게도 막연히 안타깝고 그리운 연상의 여인(?)으로 잠시 스치고 지나간 그 교생 선생님… 그분의 초록색 머플러와 웃을 때 가지런히 드러나던 하얀 치아는 지금도 내 가슴속에 선명한 이미지로 남아 있다.

(『선농』, 2005)

귀향에 대하여

며칠 전에 은사님댁을 방문했다. 선생님은 퇴직 후 서울을 떠나 늘 자랑하시던 고향에 돌아가 바닷가에 집을 짓고 조용히 살고 계셨다. 과연 경관이 아름다운 곳이었다. 집 앞에는 호수처럼 잔잔한 푸른 바다가 펼쳐져 있고 바다 위에는 크고 작은 섬들이 옹기종기 앉아 있었다. 그림엽서 같이 잘 가꾸어진 집의 정원은 나무와 돌과 꽃이 어울려 그야말로 하나의 성채를 이루고 있었다. 헐렁한 남방셔츠를 걸치고 맨발에 삽을 들고 계신 모습이 그 성의 성주라기보다 오히려 정원사처럼 보였다. 노년의 가장 고상한 취미는 정원 가꾸기라는 말이 실감이 나는 것 같았다. 집 주변에 지천으로 자라는 나물로 반찬을 하고 맑은 공기 마시며 푸른 바다가 보이는 서재에 앉아 글을 쓰는 선생님의 생활이 참으로 정복(淨福)이라는 생각이 들었다. 젊은 날 도시에서 열심히 일하다가 나이 들어 고향으로 돌아가는 사람들은 아름답다. 고향에 돌아가 마당에 꽃나무 심고 새소리를 들으며 살 수 있는 사람은 참으로 행복할 것이다. 하루를 잘 지내고 저녁 늦게 돌아오는데 푸른 바다와 마당의 꽃나무들이 계속 아른거렸다.

귀향… 고향으로 돌아간다는 말은 대단히 낭만적이어서 도시 생활에 찌든 사람들을 가슴 설레게 한다. 마을 어귀에는 송사리가 헤엄치는 시냇물이 흐르고 뒷산에서는 솔바람에 뻐꾸기 울음소리가 실려 오는 곳, 구부러진 달구지 길과 계절 따라 피어나는 풀꽃들이 주인인 시골 마을, 한나절 더위를 식혀주는 비가 그치면 골짜기마다 물안개가 하얗게 피어오르고, 차량의 소음이나 불빛이 없기 때문에 밤이면 하늘에서 별들이 소리를 지르며 쏟아져 내리는 것 같은 고향이 있다면 누구나 당장 돌아가고 싶을 것이다. 그런 고향으로 돌아갈 수 있다는 것은 무조건의 행운이지만 누구나 그런 행운을 누릴 수는 없다.

내가 여기서 굳이 행운이라는 말을 쓰는 이유는 아무리 고향에 돌아가고 싶어도 현실적으로 갈 수 없는 사람들이 많기 때문이다. 예를 들면 우선 이북에서 월남한 실향민들이 그들이다. 정치적 시대적인 여건이 고향으로 가는 길을 막고 있는 그들에게는 고향이란 낱말 자체가 슬픔이고 아픔이다. 갈 수 없기 때문에 오히려 그리움은 사무쳐서 북녘 하늘만 바라보며 평생 한숨의 세월을 살아오고 있는 실향민들에게 고향은 뼈가 녹아내리는 고통의 낱말이다. 또한 고향이 사라진 사람들도 고향에 돌아가지 못한다. 예컨대 급격한 산업화와 도시화의 물결로 고향이 사라진 이들은 더 이상 고향으로 돌아갈 수가 없는 것이다. 어릴 적에 말타기와 숨바꼭질을 하던 골목길은 도시계획으로 지워지고, 낯설고 거대한 빌딩의 숲이 들어차서 물리적인 고향은 뭉개져버리고 말았기 때문이다. 물론 고향이 골목길과 느티나무 혹은 초가지붕과 넘어 다니던 언덕길처럼 반드시 구체적인 사물이라고 할 수는 없다. 그러나 추억이 묻어있는 구체적인 물상들이 사라졌다면 고향은 이미 진정한 의미의 고향이 아닌 것이다.

어디 그뿐인가, 무향민(?)이랄까, 아예 고향이 없는 사람들 또한 고향에 갈 수 없다. 아스팔트 위에서 태어나 아스팔트 위에서 살다가 아스팔트 위에서 죽어가는 소위 아스팔트 킨트에게 고향은 실체가 아니라 고향이라는 낱말일 뿐이고, 그 낱말은 이미 다가갈 수 없는 하나의 관념일 뿐이다. 그런데 요즘 아이들은 모두 아스팔트 킨트로 태어나고 있으니 아마도 앞으로는 고향이라든가 귀향이라는 낱말은 정답고 따뜻한 낱말이 아니라 낯설고 생경한 소리에 지나지 않을는지도 모른다. 이렇게 볼 때 고향이란 어쩌면 물리적으로 돌아갈 수 있는 현실공간이 아니라 닿을 수 없는 관념일는지 모른다. 돌아갈 수 없기에 고향은 오히려 더 간절하고 아름답게 보일는지 모를 일이다. 그런데 운이 좋게(?) 아직 고향이 옛 모습 그대로로 남아 있어도 돌아가지 못하는 이들이 많다. 직장 때문에 혹은 자녀 교육 문제로 도시를 떠날 수 없고, 혹시 자녀들 다 키우고 퇴직을 하여 여유가 생겼다고 해도 도시의 편리함에 길들여져 있기 때문에 못 떠나는 이들이 그들이다.

그럼에도 불구하고 근래 도시를 떠나 귀향을 감행(?)하는 시인(예술가)들이 눈에 뜨인다. 지난해 말 시골로 이사를 간 K시인의 경우도 그 중의 하나이다. 소문을 듣고 찾아가 보니 그 곳은 아주 깊은 산골 마을이었다. 시골 버스가 아침과 저녁 한 번씩만 오는 곳, 휴대폰이 통하지 않고 신문이 배달되지 않으며 구멍가게 하나 없고 우체국에라도 가려면 자동차로 가파른 고개를 두 개나 넘어야 하는 곳, 살기가 불편해서 젊은이들은 모두 도시로 나가고 지금은 마을 전체 인구가 20명 남짓 되는데 놀랍게도 가장 젊은 사람이 예순 살이라는 그런 곳이었다. 그럼에도 일찍이 소년 시절 도시에 나가 공부하고 돈 벌고 시인이 되어 세계와 인생에 대한 안목을 넓혀온 그가 지난 겨울 느닷없이 그곳으로 돌아간 것이었다. 그러나 가만히 그의 행적을 살피고 대화를 나누어 보면 그가 이순의 나이가 되어 갑자기 고향으로 돌아간 것은 아니었다. 오히려 그는 고향을 떠난 후부터 끊임없이 귀향 준비를 한 것이라 생각된다. 앞에서 말한 바처럼 도시에서 살던 사람에게 그런 산골은 살기가 매우 불편할 터인데 그 불편함을 감수하고 왜 그는 그런 곳으로 찾아든 것일까? 그것은 한 마디로 고향이기 때문이다.

하이데거에 의하면 귀향은 근원 가까이로 돌아가는 일이다. 귀향자란 고향을 떠나 세상을 편력하면서 탐구자로서 많은 경험을 가지고 이제 귀환하는 사람이다. 고향이란 태어난 곳, 자신의 존재가 비롯된 곳, 즉 어머니가 계신 곳이다. 어머니는 고향집 부엌에 계시고 부엌은 불씨를 간직한 곳으로서 따뜻한 온기가 있는 곳이며 삶의 중심이 되는 곳이다. 어머니는 불씨를 지펴서 가족들의 에너지원인 음식을 장만하신다. 고향으로 돌아가고 싶다는 것은 어머니가 계신 곳, 배고픔을 해결해 줄 음식과 추위를 막아줄 불씨가 있는 곳으로 돌아가고 싶다는 뜻이다. 이렇게 어머니가 계신 곳, 즉 어머니의 땅인 고향은 바로 존재의 근원으로서 희랍적인 의미로 피지스(physis), 곧 자연이다. 인간이 태어난다는 것은 자신의 근원인 어머니로부터 떨어져 나온다는 의미인데, 인간은 근원에서 떨어져 나오는 순간부터 역설적으로 근원으로 돌아가고자 한다. 그것이 고향에 대한 그리움인 것이다.

한마디로 고향은 존재의 근원이고, 근원은 피지스로서의 자연이다. 자연은 본래 그렇게 있는 것, 즉 네이쳐(nature)인데 이러한 네이쳐에 인간의 힘을 가해서(cultivate) 만든 것이 컬쳐(culture) 즉 문화이다. 문화는 인위적으로 익힌 것이라면 자연은 본래의 날것이다. 인간은 자연의 자녀로 태어나서 문화를 만들고 그 속에서 살고 있다. 그들은 본래적인 자연을 망각하고 인위적인 문화에 스스로를 길들여 왔는데 그들이 이른바 일상인(das Man)이다. 그러나 일상인과는 달리 문화에 길들이기를 거부하며 본래적인 세계로 돌아가고자 하는 이들이 있는데 이들이 다름 아닌 시인(예술가)이다. 시인은 문화 바깥에 있는 본래적인 세계, 즉 존재의 근원인 고향으로 돌아가려고 하는 자이다.

우리가 태어나고 자란 현실공간으로서 고향을 생각할 때 대개 시골을 떠올리는 것은 무슨 까닭일까? 그것은 아마도 시골이 도시에 비하여 덜 문화적인 곳, 달리 말해서 보다 자연적인 곳이기 때문이다. 자연은 앞에서 말한 바처럼 익히지 않은 날것으로서 본래적이고 순수한 것이다. 그러므로 자연 속에서 사는 사람들은 본래적이고 순수하다. 그에 비해서 현대의 도시인들은 문화에 길들어 비본래적인 모습으로 살고 있다. 그러나 예민한 감성인 시인은 끊임없이 본래적인 근원(고향)으로 회귀하려는 자, 즉 귀향을 꿈꾸는 자이다. 하이데거는 귀향을 시인의 사명이라고까지 말하고 있다. 생각건대 인간이 세상에 태어난다는 것은 근원일탈 즉 근원적인 자연으로부터 떨어져 나온다는 의미이다. 그러한 근원일탈에서 비롯되는 불안을 일상인은 문화라는 인위적인 공간에서 망각하고 살아가지만, 숙명적으로 문화에 길들지 못하는 자로서 시인은 늘 불안 속에서 근원을 지향해 나아간다. 그는 일상인과는 달리 근원일탈을 자각하고 근원회귀 즉 귀향의식을 가지는 자인데, 이 귀향의식이 바로 시의식이다. 단적으로 말해서 시인의 삶은 바로 귀향의 역정인 것이다.

이 때 고향은 현실적으로 존재하는 물리적 공간이 아니라 닿을 수 없는 형이상의 근원이고 인간의 한계를 넘어서는 신화의 공간이다. 그래서 어느 시인은 '내 놀던 옛동산에 오늘 와 다시 서니 산천 의구란 말 옛시인의 허사로고'라고 탄식하고, 또 다른 시인은 '고향에 고향에 돌아와도 그리던 고향은 아니러뇨'라고 노래하지 않았는가? 생각해보면 인간이 세상에 태어난다는 것은 본질적으로 고향에서 떨어져 나온다는 것이고, 따라서 평생 귀향을 꿈꾸는 자들이라고 할 수 있다. 그러나 냉정하게 말해서 우리에게는 이미 현실적으로 존재하는 물리적인 고향은 없다. 그럼에도 불구하고 시인은 고향으로 표상되는 이미지를 찾아서 근원회귀를 꿈꾼다. 어릴 적 추억이 서린 고향 바닷가에 집을 짓고 꽃을 가꾸고 계신 은사님은 실은 고향에 돌아가신 게 아니라 고향의 이미지를 형상화하고 있는 것이고, 편리하고 안락한 도시를 떠나 어릴 때 살던 두메산골로 돌아간 K시인 역시 고향에 도달한 게 아니라 가슴속에 살아있는 고향 이미지를 그곳에서 건설하고 있는 것이리라.

(『생각과 느낌』, 2004, 가을)

재떨이와 휴지통

나는 지난 해 일본에 머물면서 나의 좁은 시각으로 왜 일본이 잘 사는가를 생각해 본 일이 있다.

해방둥이인 나로서는 여섯 살에 6.25전쟁을 겪었고, 과거 반일투사였던 이승만 대통령 시대에 초등학교를 다녔기 때문에 소위 '반공'과 '반일'의 구호 속에서 자랐다. 그러므로 내 또래의 당시 아이들은 일본인을 '왜놈'이라고 부르는 어른들께 배웠고, 가령 운동경기라면 일본은 무조건 이기고 봐야하는 나라였으며, 1964년엔가 일본이 올림픽을 개최할 때에는 너무나 배가 아팠다. 그러던 차에 일본과 한일 협정을 맺을 때에는 당시 대학생이던 우리 또래의 학생들은 거의 맹목적(?)으로 비준 반대 데모를 하였으며 일본을 미워하는 감정이 바로 애국심인 것으로 생각했을 정도였다.

그런데 유감스럽게도 초등학교 시절, 그렇게 심이 잘 부러지던 국산품 연필에 비하여 잠자리 그림이 그려진 일제 톰보 연필은 대단히 질이 좋다는 것을 알고 있었고, 고등 학교 시절의 공부 잘하는 아이들은 일본 고등학생들의 대학입시용 수학문제집을 가지고 와서 문제풀이를 하면서 은근히 실력 자랑을 했으며, 대학생 시절에는 손안에 들어갈 수 있는 작고 성능 좋은 일본제 트란지스터 라디오에 거의 대부분이 매혹을 느끼며 갖고 싶어 했던 것이 솔직한 마음이었다. 겉으로 욕하고 미워하고 외면하면서도 속으로는 은근히 부러워하던 소위 「메데인제(made in made in ○○○. 당시에는 소위 미제 독일제 혹은 일제 등을 그렇게 불렀다.)」에 대한 동경은 그 모순된 욕구에 스스로 수치감을 느끼게 했기 때문에 청소년기의 섬세한 감성에 상처를 입곤 했던 것이 우리들 세대의 자화상이었음을 부인할 수 없다.

십 여년 전 처음 일본에 갔을 때, 나는 과거 일본식민지 시대 한국인에게 온갖 못된 짓을 했던 일본인의 이미지, 예컨대 일본도를 허리에 찬 일본순사가 무고한 한국인을 잡아다가 욕을 하고 발로 차고 때리고 무시하며 혹은 고문을 했던 이야기와는 거리가 먼, 매우 친절하고 상냥스러움을 보고 아주 이상한 느낌이 들었다. 일본과 일본인에 대한 매우 부정적인 선입견을 가진 나에게 일본여행의 경험은 하나의 충격이었다. 길거리 혹은 지하철역에서 길을 물었을 때 하나같이 친절하게 안내하거나 가르쳐주는 행인들, 소도시의 건널목에서도 빨간 등이 켜져 있을 때는 전혀 자동차가 오지 않아도 절대로 파란 등이 켜질 때까지 길을 건너지 않는 준법의식, 주택가의 골목길에서는 담배꽁초나 흔한 휴지조각 하나 날리지 않는 깨끗함, 그리고 정성스럽게 가꾸어진 정원이나 잘 조림된 숲들은 일본에 대한 과거의 내 부정적인 선입견을 깨뜨리는 것이었다. 그때 솔직히 말하면, 나는 일본인들의 친절, 청결, 질서의식을 우리의 그것과 비교하면서 은근히 속이 상했다. 그래서 나는 교활(?)하게도 의도적으로 일본의 단점을 찾으려고도 해 보았다. 친절함은 가슴 깊은 곳에서 우러나오는 인정이 아니라 마음 표면에서 드러내는 얕은 가식이며, 깨끗함은 어쩌면 푸근하지 못한 좀스러움의 표징이고, 질서의식은 융통성 없는 답답한 마음의 표현이라고 여기면서, 그렇기 때문에 혹시 모방은 잘 해도 독창적인 창의력은 모자라므로 미래는 기대할 수 없지만, 그들에 비하여 우리 한국인은 마음이 넉넉하고 솔직하며 융통성이 많고 창의력이 풍부해서 지금은 비록 어렵고 가난하지만 내일은 풍성할 것이라고 스스로 자위도 해 보았다.

그러다가 작년 교환교수로 일본에 머무는 동안, 나의 의도적인 일본과 일본인에 대한 폄하 노력(?)은 옳지 않다는 사실을 스스로 인정했다. 그들이 잘 사는 것을 시기하고 감정적으로 미워할 것이 아니라 2차 대전에 패망했던 그들이 불과 반세기만에 세계의 경제대국으로 다시 일어서게 된 이유가 무엇인가? 그들의 장점이 무엇인가를 냉정하게 긍정하고 못된 점은 타산지석으로, 장점은 귀감으로 삼는 것이 옳다는 생각을 하게 되었다.

작년 가을 어느 날, 어른인 내가 일본의 아주 어린 초등학교 3학년 어린이에게 아주 중요한 원칙을 하나 새삼스럽게 배운 일이 있었다. 벳푸대학의 사카구치 교수가 하루는 그의 자동차로 나와 나의 아내에게 관광안내를 해 주었는데, 그때 그는 초등학교 3학년생인 아들 준이찌로를 데리고 왔었다. 단정하게 깎은 상고머리와 웃을 때는 유난히 눈이 가늘어지는 귀여운 인상의 준이찌로에게 나는 너희 반에는 학생이 몇 명이냐, 좋아하는 과목은 무엇이냐, 어떤 운동경기를 좋아하느냐, 한국의 야구선수 선동열을 아느냐, 피아노를 칠 줄 아느냐는 등 필요 이상(?)의 관심을 보이며 질문을 했고, 그래서인지 그 애는 금방 나와 친해질 수 있었다.

어느 휴게소에서 그 애의 아버지가 일본의 전통음식이라면서 종이에 싼 떡을 사다가 한 개씩 맛을 보라고 우리들에게 주고는 잠시 자리를 비운 일이 있었다. 우리는 노천 휴게소의 탁자 앞에 둘러앉아서 그 떡을 먹었는데, 나와 아내는 떡을 쌌던 종이를 구겨서 탁자 위에 놓여 있던 커다란 재떨이에 버렸다. 그런데 우리보다 늦게 떡을 먹은 준이찌로는 떡을 쌌던 종이를 작게 접더니 재떨이에 버리지 않고 손에 들고 있는 것이었다. 나는 그 애에게 재떨이를 가리키면서 그 휴지를 왜 이곳에 버리지 않고 들고 있느냐고 물었다. 그 애는 대답을 않고 잠시 두리번거리다가는 재떨이에 우리가 버렸던 휴지까지 집어들고 저쪽 나무 밑으로 뛰어갔다. 나는 의아해서 그 애의 행동을 눈으로 따라가 보았다. 우리가 앉아있던 탁자로부터 약 20미터쯤 떨어진 곳에 있는 나무 밑에 휴지통이 있었는데, 그 애는 그곳에다 가지고 간 휴지를 버리고 이쪽으로 다시 돌아오는 것이었다. 나는 순간적으로 부끄럽고 놀랍기도 했지만 돌아온 그 애에게 태연하게 물어보았다. "어차피 이 재떨이에 버리면 청소하는 분이 이 재떨이를 쓰레기통에 가져다 비우게 되어 있으니까 마찬가지가 아니냐? 구태여 그곳에까지 갖다 버리지 않고 재떨이에 버려도 되지 않니?"하고 그의 표정을 살폈다. 준이찌로는 아주 자연스러운 표정으로 "이것은 재떨이이니까 담배재를 털거나 꽁초를 버리는 곳이고, 휴지는 휴지통에 버려야 하는 것이니까 휴지통에 버렸지요."라고 대답했다. 나는 그 아이의 원칙적인 대답에 대단히 부끄러움을 느꼈다. 그렇다. 대학교수인 내가 초등학교 3학년인 어린이에게 중요한 것을 한 수 배운 것이었다. 담배꽁초는 재떨이에, 쓰레기는 쓰레기통에 버린다는 당연한 사실을 오히려 나는 융통성이라는 이름으로 편리하게 함부로 뒤섞어버렸던 것이었다. 재는 재떨이에 털고 휴지는 휴지통에 버린다는 것을 융통성 없이 그대로 실행하게 하는 것이 일본 어린이의 생각이었다. 물론 어린이의 경우라면, 아마 한국의 어린이도 당연히 준이찌로처럼 재떨이와 휴지통을 구분했을는지 모른다. 그러나 유감스럽게도 나는 나의 무의식 속에 그런 혼돈을 그대로 가지고 있었던 것이다. 그렇다면 일본에도 나 같은 어른들은 마찬가지로 그것을 구분하지 않고 융통성(?)있게,

휴지를 재떨이에 버릴는지도 모르잖는가? 어쩌면 이제는 일본을 실제 이상으로 좋게 보려는 게 아닌가? 그러나 그러한 의심도 나는 얼마 후 한 백화점의 점원으로부터 또 하나의 신선한 충격을 받고 그들의 좋은 점을 솔직하게 인정하고 배울 것은 적극적으로 배워야 한다는 생각을 하게 되었다.

나는 작은 카메라를 하나 사려고 어느 백화점에 들렀다. 한 모델이 마음에 들어서 가격표를 보니 소형이어서인지 값도 매우 싼 것이었다. 나는 점원을 불러 그것을 하나 사겠다고 말했다. 점원은 아주 친절하고 싹싹한 30대 후반의 아주머니(?)였는데, 그녀는 내게 정말 그 카메라가 마음에 드느냐고 물었다. 나는 값도 싼 것 같고 모양도 예뻐서 마음에 든다고 대답했더니, 그녀는 상냥하게 웃으면서 그 카메라가 마음에 들면 오늘 사지 말고 열흘 후에 구입하라고 말했다. 나는 얼른 이해가 되지 않아서 그게 무슨 뜻인가를 물었다. 그녀 대답에 의하면 그 모델은 열흘 후에 세일 상품으로 계획되어 있으니까 그때 오면 할인가격으로 더 저렴하게 구입할 수 있다는 것이었다. 물론 나는 당연하게 그녀의 조언에 따라서 열흘이 지난 후에 20% 저렴한 가격으로 그것을 구입했다.

생각해보면 백화점 점원이 고객에게 어떤 특정 상품은 어느 때에 할인품목에 들어있다는 정보를 알려주는 것은 상도의상 당연한 일일는지 모른다. 그러나 그런 경우가 한국이었다면 어떠했을까를 생각해보고 나서, 과연 일본이 우리보다 앞서 있음을 당연하게 인정하지 않을 수 없었다. 가령 어떤 외국인이 우리나라 백화점에 가서 사진기를 사려고 한다면, 그 모델은 열흘 후에 할인상품으로 계획되어 있으니 열흘 후에 와서 사십시오, 라고 점원 아가씨가 친절하게 얘기를 해 줄 것인가? 그날의 매상을 올리기 위하여 속으로는 오히려 잘됐다 싶어서 얼른 팔아치우려 하지 않았을까? 더구나 언제 다시 볼는지 알 수 없는 뜨내기 외국인이면 열흘 후에 반드시 다시 온다는 보장도 없지 않는가? 혹은 며칠이 지나면 마음이 달라지거나 다른 백화점으로 갈는지도 모르지 않는가? 상인이라면 어떻게든 당장 많은 상품을 판매하여 많은 이익을 남기는 게 목적이 아닌가? 그러니 그 자리에서 그날의 정당한 가격으로 하나라도 더 팔려고 하는 것은 너무나도 당연한 일이 아닌가?

그러나 나는 그녀에게서 진정한 상인의 정신을 읽었다. 프로 의식을 가진 진정한 상인이라면 한번 고객은 영원한 고객으로 대해야 할 것이다. 그러므로 그 고객에게 최대의 서비스를 베풀어야 할 것임은 물론, 절대로 속임수를 쓰거나 눈앞의 작은 이익에 묶여서는 안 된다. 한 개의 상품을 구입한 고객은 늘 그것이 최상의 물건이기를 원할 것이므로, 상인은 고객이 원하는 대로 만족을 주어야 한다. 그렇게 되면 고객은 그 상인을 최대로 신뢰하게 되고 당연히 그 상점에 단골이 되며 차후에는 친지들에게 그 상점을 추천할 것이다. 정말로 나는 '정직이 최상의 정책이다'라는 영국 속담에 공감한다. 요컨대 그날 나는 작고 값싼 카메라를 산 후 그 백화점을 마음

속으로부터 신뢰하게 되었고, 내가 아는 사람들에게 그곳을 추천하게 되었던 것이다.

선진국이 선진국인 까닭은 그 국민의 도덕성에 때문이라고 나는 확신한다. 그런 국민이라면 공장에서 제품을 만들 때 최선의 노력으로 성실하게 만들 것이며, 그것을 판매할 때에도 정직한 가격으로 고객을 신뢰하게 하고 만족시킬 것이다. 그렇다면 그 나라의 제품은 국제적으로 신용도가 높아질 것이며 당연히 국제경쟁력이 제고되어 경제수준도 향상되고, 따라서 정치, 문화, 사회 모든 분야에서 선진화될 것이기 때문이다. 결국 뚜렷한 자원도 없고 인구에 비해 국토도 좁은데다가 전쟁으로 황폐화된 일본이 불과 반세기만에 세계의 경제를 주도하게 된 까닭은 재털이와 휴지통을 철저하게 구별하는 준이찌로 같은 원칙주의와, 오늘 당장의 판매고를 높이기보다는 고객에게 정보를 주고 고객의 편에서 물건을 팔려고 하던 백화점 판매원의 정직성에서 비롯된 것이라고 나는 믿는다. 콩 심은데 콩 나고 팥 심은데 팥이 나는 것이며 정직이 최상의 정책이기 때문이다.

(『신비』, 1998)

에노키 토모미 양에게

에노키 양의 선물(膳物)과 편지를 잘 받았습니다. 퍽 반가웠습니다. 선물 과자(菓子)는 매우 맛이 있었습니다. 우리 가족(아내와 두 딸)은 그것을 맛있게 먹었습니다. 대단히 고맙습니다.

나는 에노키 양의 한국어(韓國語) 편지를 보고 퍽 놀랐습니다. 에노키 양의 한국어 편지는 매우 훌륭했습니다. 글씨(한글)는 매우 깨끗하고 예뻤습니다. 문장(文章)도 정확(正確)했습니다.

나는 한국에 돌아온 후 매우 바빴습니다. 우리 학교는 지난 3월 2일부터 개학(開學)을 했습니다. 그리고 6월 20일에 1학기가 끝났습니다. 지금은 여름 방학입니다. 여름방학은 8월 중순(中旬)까지입니다.

나는 언젠가 일본에 다시 가보고 싶습니다. 그러나 올해는 여행 계획(計劃)이 없습니다. 에노키 양이 여름방학 때 한국에 오면, 꼭 대구(大邱)에 오십시오. 한국에서 가장 오래된 도시인 경주(慶州)를 안내해 주겠습니다. 대구에서 경주까지는 가깝습니다.

나는 에노키 양과 비슷한 대학생(大學生) 딸이 두 명 있습니다. 나의 딸들과 에노키 양은 좋은 친구가 될 것입니다. 대구에 머무는 동안 우리 집에서 잠을 자고 식사(食事)를 하십시오.

나는 일본에서 한국어 공부하던 학생들을 보고 싶습니다. 나는 에노키 양을 보고 싶습니다. 나는 산탄타(三反田) 양도 보고 싶습니다. 그리고 나는 이시바시 다카야(石橋雄哉), 이노우에 이쿠에(井上郁榮), 나카무라 안리(中村 安里), 토리야마 다카히로(通山貴宏)… 등 많은 학생들을 보고 싶습니다. 나에게 녹음을 해준 에노키 양과 산탄타 양은 특별히 더 보고 싶습니다.

나는 국제교류회관(國際交流會館)의 내가 살던 방이 그립습니다. 학교에 다니던 길이 그립습니다. 산보(散步)하던 바다공원(公園)이 그립습니다. 매일 목욕하던 센토(錢湯(溫泉))도 그립습니다. 서점(書店)과 우체국(郵便局) 그리고 서점 앞의 아베상회(阿部商會)의 아베(阿部)씨도 그립습니다. 매일 아침 우유(milk)를 사러

갔던 Famlly Mart도 그립습니다. 매일 저녁 때 음식을 사러 갔던 도키와(Tokiwa) 수퍼마켓(Super Market)도 그립습니다. 나는 언젠가 다시 그리운 것들을 찾아가 보고 싶습니다.

불란서(佛蘭西) 작가(作家) Saint-Exupery의 한국어(韓國語) 번역(飜譯) 「어린 王子」를 한 권 보냅니다. 내가 대단히 좋아하는 책입니다. 에노키 양이 한국어를 배우는데 도움이 되기를 바랍니다. 나도 혼자서 일본어를 공부하고 있습니다. 나에게는 일본어가 어렵습니다. 나는 일본어를 잘 하지 못합니다. 나는 몇 년 후에는 일본어로 편지를 잘 쓰고 싶습니다.

에노키 양은 아직 여름방학을 하지 않았지요?

날씨가 매우 덥습니다. 건강에 조심하십시오. 에노키 양의 부모님과 형제들에게도 인사 전해 주십시오. 에노키 양의 학우(學友)들에게도 인사 전해 주십시오.

이번 여름휴가(休暇) 때 에노키 양이 꼭 대구에 오기를 기다리겠습니다.

안녕히 계십시오.

1998. 7. 1. 대구에서, 이 진 홍 씀.

이 편지는 몇 년 전에 에노키 토모미(榎智美)라는 한 일본 학생에게 쓴 것이다. 이 편지를 쓰기 전 해에 나는 일본의 한 대학에서 한국어를 가르쳤는데, 일본말이 너무 서툴러서 설명은 영어로 했기 때문에 학생들이나 나나 모두 힘들었다. 당시 그 대학에는 제2외국어로 한국어를 선택한 학생들이 제법 많았지만 특별한 몇 학생을 제외하고는 대부분 한국어에 대하여 무지하여 강의 시작할 때 겨우 '안녕하십니까'를 더듬거릴 정도였다. 그런데 에노키는 시간마다 앞자리에 앉아서 열심히 강의를 들었고, 초보적인 한국의 인사말은 할 줄 알던 학생이었다. 그녀는 내가 일본어 공부를 위해서 읽었던 일본 동화책을 녹음해 주기도 했다.

귀국 후에 나는 그 학생에게서 퍽 서툴기는 했지만 한글로 또박또박 정성 들여 쓴 편지를 받았다. 대단히 놀랍고 반가웠다. 나는 곧 답장을 썼는데 그 학생이 읽기 쉽도록 문장에 신경을 쓰고 한자를 섞어 이해하는데 도움을 주고자 했다. 가을에 다시 편지를 받았는데 그녀는 여름방학 때 단체여행으로 잠깐 전주에만 왔다가 돌아가게 되어 연락하지 못했다는 것이었다. 그 후에는 편지를 받지 못했다. 장래 중학교 선생님이 되고 싶다던 그녀가 지금쯤 그 소망을 이루었는지 궁금하다.

(『오래된 약속』, 2004)

2부 시, 고향 찾아가기

청춘, 그 형이상의 폭풍

산빛에 다시 그리움이 일렁인다. 햇살이 눈부시다. 해마다 봄은 눈물겹게 아름답다. 대지 속을 흐르는 피가 산의 살갗 위로 스며나와 골짜기를 붉게 물들이는 진달래꽃은 차라리 처연하다. 풀리는 실개천의 물소리엔 까마득한 우주를 건너온 은하의 눈빛도 묻어있다. 목련꽃 봉오리들이 가지마다 새떼처럼 모여 앉아 미명을 깨우고 아파트의 긴 담장에는 개나리 떼가 줄지어 폭발한다. 교외로 나서면 복사꽃이 야산을 광기로 덮고 있다. 봄은 눈부시고 아름답다. 나는 그 아름다움에 차라리 절망한다.

절망은 벼랑처럼 아름답다
벼랑 끝으로 청춘이 지나갔다
시간이 가파르게 기울고

칼날이 보인다 시퍼렇게
살을 스친다
살의 고통이 아름답게 빛나고
민들레 꽃씨 하나가
벼랑 끝으로 날아오른다
—「봄날 (2)」

아름다움이란 무엇일까? 눈부심? 혹은 영혼의 살을 베이는 예리한 칼날일까? 포근한 한숨, 아니면 내 존재의 지붕을 날려버리는 형이상의 폭풍일까? 모두 다일까? 아닐까? 햇살일까? 가만히 생각해보면 그것은 온몸을 태우는 불길이고 숨 막히는 기쁨의 꽃밭이다. 아니 그것은 한없는 심연으로 떨어지는 두려움, 릴케의 말처럼 두려움의 시작에 불과하다. 그리하여 아름다움은 고통의 사슬이며 무엇보다도 빛나는 절망이다.

내 생애의 빛나는 청춘 그 가혹한 봄날은 언제 지나갔을까? 교정의 플라타너스 그늘 아래의 벤치는 어디 갔을까? 나의 데미안 시절, 푸른 노트를 끼고 거닐던 A관 앞 경사진 잔디밭에 파릇파릇 돋아나던 풀잎과 환희와 절망들. 핏빛 노을을 적시고 흐르던 서강, 그곳에서 불어오는 바람과 가벼이 날아오르던 민들레 꽃씨들. A와 C 그리고 B라는 이니셜로 내 일기장을 함부로 넘나들던 처녀들, 그 발랄한 몸짓과 오연한 이마와 찰랑거리던 머리칼… 폭풍처럼 내 영혼을 휘젓고 사라진 안개와 별빛과 입술들, 한 시절을 던져 휩쓸렸던 데모의 함성과 그 어지러운 발자국들, 그리고 한 다발의 절망을 안고 돌아서던 신촌의 언덕과 부옇게 흐려지던 자동차의 불빛들.

돌아보면 칼날처럼 살의 고통을 남기고 스쳐간 형이상의 폭풍, 그 아름다운 눈매가 가혹하다. 사정없이 흘러간 세월의 강 이쪽에서서 바라보는 청춘시절의 아득한 봄날이 오늘, 불혹의 오후를 눈물겹게 한다.

(『월간에세이』, 1995, 7)

숲길

나는 내가 아마도 도시에 살고 있으면서도 가장 아름답고 낭만적인 출퇴근길을 가지고 있는 극소수의 축복받은 사람들 중의 하나일 것이라고 생각한다.

도시인이라면 대개 '출퇴근'이란 단어를 들을 때 러쉬 아워의 교통 혼잡과 소음, 그리고 만원버스 속에서 짐짝처럼 이리저리 떠밀리다가 마침내는 젖은 헝겊처럼 지쳐버리는 가련한 소시민상을 상상하게 된다. 사실이지 이십세기 후반의 우리나라 도시민의 출퇴근시의 전쟁 같은 상황은 그것을 체험해 보지 못한 사람들에게는 하나의 픽션 이상으로는 상상도 못할 눈물겨움의 현실일 것이리라. 나는 7년 동안이나 대구의 서쪽 끝에 살면서 이곳 만촌동까지 출퇴근을 했는데 내가 아침저녁으로 하루에 두 시간씩이나 만원버스에서 짐짝처럼 시달리며 출퇴근에 소비했던 엄청난 시간과 정력을 돌이켜 생각하면 실로 원통하기 그지없다. 그러다가 지난 봄 이곳 만촌동 직장 가까이로 이사해 온 후 나는 놀라운 축복처럼 출퇴근길의 행복을 누리고 있다. 매일은 아니지만 일주일에 두 세 번 쯤 나는 콘크리트로 포장된 편리하고 가까운 길을 버리고, 조금 불편하고 멀지만 소위 내가 이름 지어 놓은 「숲길」로 천천히 산책을 즐기며 출근이나 퇴근을 할 수 있기 때문이다.

우리 학교의 경복관 남쪽 끝으로 나 있는 길을 따라가면 사슴목장이 있고 그 철조망의 담장을 왼쪽으로 끼고 조금 오르면 숲속으로 찾아들어가는 오솔길을 만나게 된다. 사슴목장과 헤어져서 오솔길을 따라 숲속으로 들어가면 두 갈래로 길이 갈라지는데 한쪽은 아주 희미하게 지워져 있을 정도이고, 다시 더 걸어가면 또 한 번 갈래 길이 나온다. 나는 어느 길을 택해도 우리 집으로 갈 수 있기 때문에 그곳을 걷는 날의 기분에 따라서 긴 코스나 짧은 코스를 선택하게 된다. 내가 자주 걷는 세 개의 오솔길을 나는 「철학자의 산보로」와 「피이터 팬의 길」 그리고 「시인의 오솔길」로 명명하고 그때그때 감정에 따라서 나는 그 길을 선택하여 임마누엘·칸트가 되기도 하며 슈테판 게오르게 같은 시인의 흉내도 내어 본다. 그 길들은 계절에 따라 쓸쓸해지기도 하고 향기로운 풀꽃들을 자랑스럽게 거느리기도 하며 정답기도 하고 우울하기도 하다. 나는 장 쟈크 루소가 되어 석양의 눈물겨운 고독을 산책길에 묻어보기도 하고 때로는 소피이를 못잊어하는 노발리스의 심정을 헤아리기도 하며 안개라도 끼게 되면 영화 「나의 청춘 마리안느」 속의 방샹처럼, 혹은 「폭풍의 언덕」의 히스클리프처럼 이리저리 헤매어 보기도 한다.

지금부터 불과 4~5년 전만 해도 아직 경복관이 지어지기 전의 그 숲속의 길들은 정말로 감추어진 「숲길」이었고 나는 가끔 그곳을 산책하면서 새소리와 풀꽃 내음과 삼림욕(森林浴)을 만끽하곤 했다. 그리하여 그때 그곳에서 다음과 같은 시를 한편 얻었다.

> 깨끗한 너의 눈빛 내 눈썹을 스쳐가니 감성의 작은 꽃씨들이 폴폴폴 뛰어오른다 내가 숨죽이고 조심스레 돌아보는 숲 흔들리는 나무그늘 키 작은 풀잎 어디에나 너의 냄새 어린 너의 순결이다 산자락 바람소리 바위틈 푸른 이끼 반짝이는 잎새마다 싱싱한 아아…… 간신히 너를 찾아 손을 내미니 뾰족한 솔잎들이 눈을 찌르고 제비꽃 개망초 강아지풀이 미워 미워 미워 도리질하며 길을 막는다 너는 투명하게 숨고 나는 가슴 접고 돌아서니 안녕 안녕 귓가에 맴도는 가혹한 너의 오오 잃어버린 내 유년의 맑은 물소리 너의 향기와 눈빛에 걸려 자꾸만 자꾸만 헛디뎌지는 발길 숨죽이고 남몰래 눈물지으며 나의 소중한 그대여 안녕
>
> —「숲에서」 전문

확실히 숲은 아름답다. 숲은 조용하고 언제나 사려 깊은 모습으로 있다. 숲은 풍성하여서 누구든지 숲을 방문하면 그는 숲으로부터 늘 무엇인가를 얻는다. 숲은 무엇인가를 나누어 주지만 그 대가

를 요구하지 않는다. 숲은 너그럽고 언제나 친근하지만 그러나 때로는 엄숙하여 두렵기도 하다. 어떤 때는 숲은 나비처럼 즐겁고 구름처럼 포근하기도 하지만 때에 따라서는 외롭디 외로운 사슴의 눈처럼 슬픔을 느끼게도 하고 이방인처럼 낯설고 고독감을 주기도 한다. 하여튼 우리들에게 숲은 정서의 가장 풍요한 보물창고로서 무궁무진한 비밀과 기쁨과 꿈과 신비와 아름다움, 그리고 슬픔과 외로움과 엄숙함과 동시에 부드러움과 포근함을 준다.

누구든지 어려움에 처해올 때는 숲속으로 들어가 보라. 숲은 착한 아내처럼, 현명한 노인처럼, 유능한 의사처럼 그 어려움을 치유해 준다. 만일 누구든지 벗과의 끊긴 우정 때문에 안타까워하고 있다면 그와 더불어 숲에서 대화를 나누어 보라, 숲은 은은하고 부드러운 바람과 신선하고 맑은 눈빛과 넉넉하고 침착한 분위기로 상처난 우정을 낫게 하고, 만일 연인간이라면 그들의 애정에 더한 아름다움과 신비스러움을 보태어줄 것이다. 우리들의 사색에 깊이를 더해 주고 인생을 바라보는 눈을 맑게 닦아 주며 좁고 메마른 마음에 축축함과 넉넉함을 주는 것이 숲의 정령이다.

생각건대 우리들은 너무 도시적(?)이다. 누군가가 현대인을 「아스팔트 킨트」라고 부른 것은 슬프게도 맞는 말이다. 현대인은 아스팔트 위에서 태어나 아스팔트 위에서 살다가 아스팔트 위에서 죽어가기 때문이다. 그리고 그들은 고도로 높은 문화를 창조하고 그것을 향유하고 있다고 뽐내고 있다. 그렇지만 따지고 보면 문화

(culture)란 자연(nature)에의 대립에 다름 아니다. 그런데 자연이란 문자 그대로 본성(nature)이며 본래적인 것이므로 우리의 고향이고 영원한 모성이다. 현대인이 잃어버린 고향과 꿈과 정서를 되찾게 하고 사색에 깊이를 주는 것은 따라서 자연이며 이때 우리 주위의 가장 훌륭한 자연이 바로 숲이다.

그러나 현대를 살아가는 우리는 숲을 외면한다. 우리가 즐겨 찾는 곳은 대체로 술집과 다방, 극장과 시장, 운동장과 오락장이고 도시의 복판에 거미줄처럼 엉켜있는 콘크리트나 아스팔트의 도로들이다. 그리하여 우리는 생명이 증발되고 정서가 메말라버린, 영혼의 사막과 죽음의 광장을 친근하게 여기고, 새소리와 시냇물 소리보다는 사이키 음악에 안정을 느끼며 햇살이나 달빛보다는 인공조명의 현란함 속에서 우리 스스로를 망각 속에 묻고 순간의 쾌락에 탐닉한다. 이런 존재망각의 타락한 일상성으로부터 우리 스스로를 회복시키게 해주는 가장 손쉬운 장소가 나는 숲이라고 생각한다. 숲에는 여러 갈래 길들이 있고 그 길을 따라 걸으면 우리의 혼이 맑아지고 잊었던 본래성을 깨우쳐주기 때문이다.

현대의 가장 위대한 철학자 중의 하나인 독일의 마르틴·하이데거는 그의 숲길(Holzwege)이라는 책의 서문을 이렇게 쓰고 있다.

> 홀쯔(Holz)는 숲(Wald)의 옛 이름이다. 숲에는 여러 길이 있고 그 길들은 대개 인적이 드물어서 갑자기 사라지고 끊겨버린다. 그것을 숲길이라

고 부른다. 사람들은 제각기 다른 길을 따라 가보지만 그러나 늘 같은 숲 속에 있다. 종종 그 길들은 서로 같은 것처럼 보이지만, 그러나 단지 그렇게 보일 뿐이다. 나무꾼과 산지기들은 그 길들을 알고 있다. 그들은 숲길이 있다는 사실을 알며 그것을 무엇이라고 부르는지 알고 있다.

그렇다. 하이데거의 말처럼 숲 바깥에서 사람들은 숲 속에 길이 존재한다는 사실도 모르는 채 살아간다. 분명히 숲 속에는 길들이 있지만 그러나 그것을 아는 사람은 몇몇의 나무꾼이나 산지기일 뿐이고 숲 속의 사슴이나 토끼들, 혹은 숲에 살고 있는 바람과 풀꽃뿐인지 모른다. 그리고 숲속에 살고 있는 사람들은 눈빛이 곱고 마음씨가 착하며 행복하리라, 다람쥐처럼, 알프스의 소녀 하이디처럼, 하이디의 할아버지처럼.

나는 오늘도 이 아름답고 낭만적인 숲길을 따라 퇴근을 하면서 우리들 가슴 속에서 지워지고 끊어지고 사라져가는 그들 나름대로의 숲길을 생각해 본다. 오늘따라 자꾸만 자꾸만 헛디뎌지는 발길로, 숨죽이고 남몰래 눈물지으며….

(『신비』, 1986)

가난한 자는 복이 있나니

더위가 가시고 햇살이 연해졌다. 하늘이 깨끗하고 습기에 찌들었던 골짜기의 그늘이 정갈한 바람에 쓸려나간다. 밤하늘의 별빛도 착한 눈매를 하고 풀벌레 울음소리도 여름의 그것과는 톤이 다르다. 나무는 무성한 잎새들을 노랗게 물들여서 미련 없이 허공중에 날려 보내고 인고의 소중한 열매들마저 아낌없이 대지에 돌려준다. 그는 열매를 맺었으되 열매의 주인임을 포기하고 홀홀히 본래의 모습으로 돌아가 수도승처럼 서 있다. 앞산의 능선도 이제는 자신의 허리나 가슴의 윤곽을 꽃이나 숲의 그늘로 카무플라주하지 않고 정직하게 드러낸다. 새들도 숨소리를 죽이고 대지의 소리에 귀 기울이며 나직하게 지저귄다. 모든 요란한 것은 사라지고 청초하면서도 조용한 것들이 하늘과 땅을 채우고 있다. 바야흐로 가을이다.

가을빛은 가난하고 가난하기에 본질적이다. 산과 들의 빛깔도 이제는 원색을 벗어버리고 순하디 순한 가난의 살결을 드러내고 있다. 모든 것들이 여름의 허세와 거만을 떨쳐버리고 겸허하고 가난한 얼굴—그 자신의 본래적인 모습으로 돌아가 있다. 우리는 흔히 가을을 수확의 계절이라 하여 풍성과 풍요를 얘기하지만, 생각해보라, 얼마나 인간의 자기본위적인 생각인가. 생각건대 가을은 자기의 소중한 열매를 대지에 돌려주는 나무처럼 거두어들임이라기보다는 되돌려줌의 계절이다. 땀 흘려 일했던 여름의 성과들을 본래의 주인에게 돌려보내고 자신을 비움으로써 본래의 자기에게로 돌아가는 계절이다.

> 지금 집이 없는 사람은 더 이상 집을 짓지 않습니다.
> 지금 고독한 사람은 이후에도 오래 고독하게 남아
> 잠자지 않고 읽고, 기나긴 편지를 쓰며
> 나뭇잎이 바람에 흩날릴 때면, 불안스럽게
> 좁은 가로수 길을 이리저리 방황할 것입니다.

릴케의 「가을날」이라는 시의 마지막 연이다. 이 시의 첫 행을 릴케는 '주여, 때가 왔습니다'라고 매우 의미심장하게 시작하고 있다. 여기서 때(die Zeit)는 가장 본질적인 시간임을 뜻하며 그것이 나타남이 가을날이다. 따라서 가을은 본질적인 것들을 드러나게 하는 계절이다. 지금 집이 없는 사람들은 더 이상 집을 짓지 않고, 지금 고독한 사람은 이후에도 오래 고독하게 남아 잠 못 이루고, 읽고 긴 편지를 쓸 것이다. 그리고 나뭇잎이 바람에 흩날릴 때면 불안스럽게 가로수 길을 방황하는 잠 못 이루는 자의 고독한 시공이 가을이다.

가을은 바로 그런 사람들—집 없는 사람들의 계절이다. 집은 우리들을 안락한 일상성 속에 매몰시키고 우리의 본래적인 고독과 가난을 은폐시키는 곳이다. 그러므로 우리들은 집에 안주하면서 스스로의 참모습을 망각하고 있다. 가을은, 가을의 빛과 가을의 바람은, 조용히 그러나 엄숙하게 다가와서 그 동안 우리가 잊고 있었던 우리 자신의 참 모습을 들추고 비춰준다.

본질적으로 우리는 모두가 집 없는 자들이다. 아무리 아름다운 저택이나 호화로운 맨션을 가졌다 해도 본질적으로 우리는 누구나가 집이 없는 사람일 수밖에 없다. 이 뼈저린 사실을 가을의 모든 것들이 우리에게 말하고 있다. 그러한 가을의 말뜻을 깨닫게 될 때 모든 세속적이고 일상적인 것들이 낙엽처럼 떨어지고 그 빈 자리에서 우리는 지금까지 잊고 있던 자신의 참모습을 만나게 되는 것이다.

가난한 자는 복이 있나니…. 이것이 진정 가을이 우리에게 주는 축복이리라.

(『대백』, 1986, 9)

사북을 지나며

작년 여름, 나는 가까우면서도 멀리 느껴지는 강원도 정선 일대를 돌아보았다. 가까우면서도 멀다는 말은 문자 그대로 자동차로 반나절이면 충분히 닿을 만큼 가까우면서도 웬일인지 선뜻 가게 되지 않는 곳이기에 심리적으로는 상당히 멀게 느껴지는 곳이라는 뜻이다. 나에게 강원도는 대학시절 헤르만 헤세를 연상하면서 도보여행을 한다고 혼자서 강릉에서 삼척 못미처 북평까지 걸었던 것이 기억의 몇 커트로 남아있는 곳일 뿐이었다. 그리고 그 후 설악산에서 강릉을 지나 태백까지의 동해안은 아마 열 번도 더 지나가 본 곳이었지만, 평창과, 정선, 영월을 지나는 내륙의 오지에는 가볼 기회가 없었다. 아니, 7년 전, 처음으로 자동차를 갖게 된 나는 여름방학이 되자마자 그 엉터리 초보운전 실력으로 가족을 태우고는 원주와 홍천을 지나 미시령을 넘고 설악산을 돌아서 강릉과 삼척 그리고 사북과 영월을 지나보기는 했었다. 그러나 그것은 여행이라기보다는 그냥 자동차 운전연습(?)이었지, 〈여행〉이라고 할 수는 없는 것이었다. 그리고 자동차를 갖게 된 후 해마다 방학 때면 집사람과 한두 군데 돌아다녔는데, 그것은 서너 번 다녀본 해외여행과는 또 다른 재미를 주는 것이었다. 예컨대, 바다를 따라가는 동해안 일대, 공주와 부여를 중심으로 한 충청도의 백제 문화권, 변산반도를 도는 전북지역, 목포와 해남을 거치는 전남지역, 진도 완도 보길도 남해도 거제도 등지의 섬들, 남해안의 아름답고 환상적인 드라이브 코스들, 그리고 대구에서 가까운 경상북도 일원은 골짜기마다 찾아다니며 여행의 재미를 맛볼 수 있었다. 그러다가 작년에야 비로소 나는 여름방학 때 정선일대를 여행한 것이었다.

내가 가보지도 못했으면서 자꾸만 정선이란 곳에 집착하게 된 이유는 친구 M 시인의 정선에 관한 시편들을 읽고 나서부터였다. 그는 정선에 두 번 다녀온 후에 정선에 관한 시를 십여 편 발표했는데 소품들이긴 했지만 나에게는 상당한 감동을 주었기 때문이었다. 지나온 길을 "뒤돌아보면 검게 닫히는 산, 첩, 첩,"이라든가 "산봉우리 칭칭 휘감으며 불끈불끈 일으키며 허이옇게 처발리며 피어오르는 안개" 따위의 구절들이 대단히 유혹적으로 나를 손짓해 부르는 곳이었다. 그의 말처럼 나는 덜컥덜컥 빗장을 잠그는 산들, 그 첩첩한 슬픔과 닫힘과 되새김의 고뇌를 만나보고 싶었으면서도 한 편으로는 그곳에는 은근히 어떤 두려움과 부담을 느끼기도 했다. 구슬프기 그지없는 정선아리랑의 곡조가 안고 있는 한의 정서, 아우라지 땅의 조용한 앉음새와 주변 산세의 웅혼함 등등은 나의 가볍고 얄은 일상의 기분으로는 부딪치기가 은근히 겁나고 부담스러웠던 것이었다.

얘기 듣던대로 정선 일대는 함부로 스쳐 지날 수 없는 아름답고 훌륭한 볼거리가 참으로 많았다. 일박을 하고 아침 일찍 거닐었던 아우라지의 강변, 몰운대의 아득한 시야, 소금강의 산세, 돌아보면 빗장을 채우던 첩첩 산들 모두가 매우 인상적이었다. 특히 그리고 지금도 기억에 생생한 것은 정암사의 적멸보궁에서 만났던 그 엄청난 고요였는데, 그것이 신비롭기까지 해서 나중에 시를 한 편 얻기도 했다.

검고 긴 햇살의 계곡을 지나니 문득 허기를 비집고 꿩의 울음소리가 솟구친다 오전 내내 저리던 오금을 펴고 정암사 뜰로 들어선다 죽음 같은 고요를 깨뜨리는 목탁소리에 번뇌의 한 시대가 실려나간다 적멸보궁 지붕 위에 휘어져 내린 여름 한낮, 뜰 앞 나뭇가지에 수마노탑의 그림자가 길게 쏟아져 내리고 서늘한 그늘자락이 처마를 감싼다 영원의 눈빛과 입술의 찰나를 헤아리며 셔터를 누르는 순간 헛디딘 마음 위로 적멸의 한 커트가 떨어지고 유혹의 푸른 능선이 사북 쪽으로 기울어진다

—「정암사에서」 전문

그런데 그 모든 정선의 아름다운 풍경들에도 불구하고 지금까지 가장 강렬한 인상으로 남은 것은 어쩌면 삭막하기까지 했던 사북을 지나며 받은 느낌이었다. 그날, 사북을 지날 때 햇살은 너무나 따갑고 무더웠다. 그래서 나는 더위도 피할 겸 잠시 길거리의 어느 가게 앞에 차를 세우고 얼음과자를 사 먹으면서 어딘가 슬프게 무너져가는 듯한 도시를 망연히 바라보았다. 한마디로 그것은 무엇인가 무너짐 혹은 비애 같은 것이었다. 이제는 석탄 산업이 사양길에 들어섰기 때문에 인구가 급격히 줄었고, 따라서 사람들이 살던 산촌 마을에는 폐가들이 줄지어 늘어서 있었다. 그날의 그 고요함과 어두움을 말로 표현하기 힘들다. 사람들이 살다가 벗어놓고 몸만 빠져나간 빈 집들은 왜 그렇게 어둡고 적막해 보였던 것일까? 왜 그 어둠과 적막이 말없이 그러나 오히려 강렬한 인상을 주었을까? 아무렇지도 않게 그냥 스쳐가기에는 너무 힘들다는 느낌이 들었다. 그러나 반대로 그곳에 묵기도 역시 어렵고 힘든 기분이었다. 오히려 가능하면 빨리, 무조건 이 도시를 빠져나가야 할 것 같았다. 그래서 겉으로는 여유 있게 천천히 주위를 돌아보며 지나왔지만 사실은 무엇엔가 쫓기듯 그 폐허의 마을을 서둘러 빠져 나왔다. 고한을 지나 가파른 싸릿재에 올라서면서까지 말할 수 없는 무거움이 가슴을 눌렀고 싸릿재의 정상에 도달해서야 나는 차를 세우고 지나온 길을 바라볼 수 있었다. 거기서는 직접 보이지 않았지만 저 아래 멀리 폐허화되어 가는 한 시대가, 그리고 그 시대가 겪었던 고통이 웅크리고 앉아 있는 것 같았다. 70년대 말 저 유명한 사북사태의 아픔을 가슴 속에 묻어 삭이면서 검게 엎드려 있던 폐광 마을, 그것은 우리나라의 오장육부라고 일컬어질 정도의 깊고 긴 골짜기에서 말없이 그러나 역사적인 비감을 거의 침묵으로 녹여서 한의 소리로 뽑아내는 정선 땅 사람들의 구슬픈 노래 가락에 겹쳐서 형언키 힘든 비감을 나에게 주었다. 언덕으로 오르는 길 한 켠에 마침내 빈집으로 남겨놓아 마치 저 스페인 내란의 폐허를 연상케 하는 빈집의 긴 행렬을 나는 차마 자세히 똑똑하게 마주볼 수 없었다. 그런 모든 것이 나중에 해발 천 미터가 넘는 싸릿재에 올라와서야 한꺼번에 다가온 것이었다. 그리고 그때의 느낌을 나는 다음과 같이 정리했다.

> 검은 슬픔이 내장의 긴 날들을 드러낸 거리, 빈 집들의 숨 막히는 정적을 빠져나가니 숲의 상처에서 흐르는 시냇물 소리 들린다 팔십 년대의 착암기들 붉은 녹으로 쓰러져 있고 은사시나무 잎사귀를 흔드는 바람이 싸릿재까지 따라 오른다 문득 알 수 없는 것들이 가슴을 저미고 지나간다 산 위에 차를 세우고 돌아보니 모롱이 뒤쪽. 물소리가 씻어낸 태백의 살에 아름다운 폐허의 그늘이 깃들고 고통의 햇살이 캄캄하게 빛나고 있다
>
> —「사북을 지나며」 전문

검은 슬픔이 내장의 긴 날들을 드러낸 거리, 그것은 우리의 70~80년대를 지나오면서 이룩해낸 근대화의 한 상징적인 고통의 풍경이

라고 생각된다. 이제는 산과 골짜기를 울리던 착암기의 요란한 소리도 멎고 두꺼운 정적이 뜨거운 햇살을 녹이고 있는 곳, 우리는 어쩌면 오래도록 사북으로 대표되는 역사의 고통에 숙연해져야 한다는 느낌이 들었다. 우리 땅의 척추인 태백의 고통과 거기서 흘러내리던 땀을 결코 잊을 수 없다. 아직도 사북의 냇물은 불그스름하고 희뿌연 늑골의 고통을 흘리고 있지만, 바로 그 땅 고한의 정암사 입구에는 가장 맑고 차고 깨끗한 물에서만 사는 열목어 서식지가 있어서, 사북은 참으로 신비한 포에지의 빛과 그늘이 아롱거리는 곳이었다.

(발표지(?), 1996)

시, 고향 찾아가기

한마디로 나는 고향을 물어올 때 좀 당황스럽다. 태어나고 자란 곳이 고향이라면 나의 고향은 분명히 서울이다. 그러나 우리의 정서상으로 고향이 서울인 것은 어색하다. 지금도 고향이란 단어를 대할 때면 나는 어느 시골의 풍경을 상상하기 때문이다. 야트막한 산의 능선들이 연이어지고 들판에는 논두렁과 밭고랑이 부드럽게 휘어져 있는, 그리하여 소를 몰고 걸어가는 농부의 걸음걸이가 한가하게 연상되는 그런 곳을 막연하게 상상하게 된다. 고향은 우리에게는 분명히 그러한 조상들의 삶의 애환이 담겨있는 시골풍경으로 다가온다.

하이데거에 의하면 고향은 근원이다. 고향을 생각한다는 것은 그러므로 우리 생의 근원에 닿아있는 곳을 생각하는 것이다. 유명한 횔덜린의 작품 「귀향」은 바로 그러한 의미를 지닌 것으로 하이데거는 깊이 있게 설명하고 있다. 시인이 고향에 돌아감으로 인하여 고향은 근원에 접근하는 땅이 된다는 것이다. 고향이 중요한 것은 그의 근원인 뿌리를 상징하기 때문이다. 그러므로 농경사회에서는 고향의 의미는 대단히 중요한 것이었다. 어디 출신인가를 묻는 것은 그의 기질과 뿌리를 묻는 것과 다름없는 것이었다. 따라서 특히 시인에게 있어서 그것은 더욱 의미 있게 보이는 것이다.

우리는 누구나 고향으로 돌아가고자 한다. 예술 작품이란 결국 고향으로 돌아가려는 꿈의 표상이다. 고향을 떠나려는 시도도 역시 더 근원적인 곳, 진짜 고향으로 돌아가려는 시도에 다름 아니다. 예컨대 실낙원의 이미지는 잃어버린 고향에 대한 그리움인 것이다. 헤르만 헤세의 작품들처럼 문학이란 근본적으로 고향 찾기 일는지 모른다. 그만큼 고향은 우리가 돌아가야 할 본향이므로 절실한 그리움의 대상이고, 그래서 사람들은 나이 들면 들수록 더욱 더 고향(근원적인 곳)을 그리워하게 마련인 모양이다.

그러나 깊이 생각해보면 우리의 고향은 우리가 이미 떠나온 곳이며 다시는 돌아갈 수 없는 곳이다. 물리적인 고향이야 다시 찾아가 볼 수 있지만, 이미 그곳의 시간은 다 지나가 버렸기 때문에 진정한 의미에서 고향이 아니다. 헤라클레토스의 말처럼 우리는 같은 강물에 두 번 다시 들어갈 수 없기에 고향이라는 똑같은 시공에는 돌아갈 수 없기 때문이다. 돌아갈 수 없으므로 그곳은 영원한 그리움의 시공일 수밖에 없고, 따라서 예술가들에게 그것은 더욱 더 절실한 작품의 대상으로 다가오는 것이며, 그렇기 때문에 고향이야말로 영원한 작품의 테마가 되는 것이리라.

어쩌면 아스팔트 킨트인 나에게도 고향으로 떠오르는 풍경은 있다. 그것은 45년생의 해방둥이인 내가 6.25전쟁으로 인해 경험한 짧은 피난 시절의 시골 마을이 그것이다. 나는 피난지인 경기도 여주군의 한 시골에서 초등학교에 입학을 했었고, 그곳에서 원두막, 새막, 썰매타기, 멱감기 물고기 잡기 따위의 놀이와, 새 둥지 훔치기, 풀벌레와 여치 기르기, 갖가지 열매 따먹기 등의 시골의 경험들을 할 수 있었기 때문이다. 유년시절의 경험이야말로 일생동안의 가장 중요한 감성의 바탕이 된다. 그래서 릴케는 시인이 되려는 한 문학청년에게 보내는 편지에서 유년시절의 보물창고로 들어가 보라고 권하고 있다. 그렇다면 유년시절에 겪은 6.25의 체험은 나에게 고향적인 것(시골의 풍정)들을 제공해 준 고마운 것이었는지 모른다.

그러나 반드시 시골만이 고향일 수는 없다. 아름답고 구체적인 시골의 고향을 갖고 있는 사람들이 들으면 웃을는지 몰라도, 나에게는 어릴 적 살던 서울의 보문동 좁은 골목길과 가로수와 아스팔트, 그리고 우리 동네 보문사라는 절의 뒷산과 등교길의 좁은 도랑과 미군부대, 그리고 밀림의 왕자를 열심히 읽던 만화 가게와 붕어빵을 사먹던 교문 앞의 잡다한 풍경들이 그립고 포근한 추억의 필름으로 소중하게 남아있는 것이다.

어쩌면 진정한 의미에서 우리는 이제 영원히 고향에 돌아갈 수는 없다. 역설적으로 고향은 떠나는 순간부터 고향이기 때문이다. 고향에 있을 때는 그곳이 고향이라고 느껴지지 않는다. 고향은 떠난 곳이기 때문에 고향이고, 돌아갈 수 없기에 고향이며, 따라서 가혹할 만큼 그립고 안타깝기 때문에 고향인 것이다. 그러므로 고향은 아무 때나 그리울 때면 다시 돌아갈 수 있는 물리적인 공간이 아니다. 고향은 우리의 가슴 속에서 안타깝게 물결치는 심리적인 공간으로서 그리움의 마을일뿐이다. 우리가 실제로 구체적인 고향에 돌아가서 느끼는 서먹서먹함이나 지금은 변해버린 풍정에 실망하게 되는 이유가 거기에 있다. 그런 의미에서 고향은 눈앞에 펼쳐지는 실재가 아니라 관념일는지 모른다. 그러나 그 관념이야말로 우리의 생을 받쳐주고 있는 가장 튼튼한 존재의 바탕일는지도 모른다.

나는 고향을 테마로 해서 별로 시를 쓰지 못했지만 십여 년 전에 「고향」이라는 제목으로 다음과 같은 소품을 한편 쓴 적이 있다.

서리 끝
바람이 인다
꿈이 어찌 향기가 있나
갈 수 없기에
고향은 칼날이다

별빛 헤치고
낙타는 걸어서 어디로 가나
어디로 가서
서리 끝 바람 재우며
꿈을 쪼개나
칼날에 꽂혀서
고향 하늘은
그러나 찰랑이는 분홍빛이다

—「고향」 전문

고향은 갈 수 없기에 아픔의 칼날이다. 그러나 고향은 언제나 우리의 기억 속에 가장 아름다운 공간으로 살아 있어서 찰랑이는 분홍빛으로 물결치고 있는 곳이다. 하이데거의 말처럼 시인이 시를 쓰는 일은 결국 고향으로 돌아가는 일에 다름 아니므로, 결국 〈나의 시〉는 현실적으로 돌아갈 수 없는, 영원한 〈나의 고향 찾아가기〉일 수밖에 없는 것이리라.

(『열린시』, 1996, 12)

가을 유감

대단한 더위로 위세를 떨치던 여름도 이제는 떨어지는 나뭇잎 사이로 잠적해버리고 원색으로 붐비던 피서객이 떠나간 뒤 텅 빈 해변에는 휴지조각만 몇 점 흩날리고 있다. 맑고 높은 하늘을 배경으로 송이송이 떠서 흔들리는 코스모스의 가냘픈 몸매는 그대로가 가을의 표상이다. 한여름의 금빛 햇살과 초록색 숲의 힘찬 생명의 합창도 일단 9월의 바람이 불어오면 순한 양처럼 머리 숙이고 나뭇잎들은 서둘러 낙하준비를 한다.

조락…. 모든 것이 시들어 떨어지는 이 계절에는 확실히 마르고 야윈 것들이 어울리는 듯하다. 가을은 말이 살찌고 대지에 풍요가 넘치는 계절이라고 누가 그랬던가? 아무리 보아도 값진 의상과 기름진 살피듬, 그리고 번쩍이는 구두와 당당한 어깨는 가을에 어울리는 풍정이 아니다. 코스모스처럼 야위고 아무 것도 가진 것이 없는 가난한 이들의 깨끗하고 겸손한 눈빛이 이 조락의 계절에는 주인이리라.

생각건대 가을은 가난한 이들이 계절인 듯하다. 그리고 가난은 겸허하게 자기를 비우는 그것이리라. 그리하여 가진 것을 모두 버림으로써 자신의 진실한 모습으로 돌아가게 하는 것이리라. 풍성한 열매를 맺고 있던 나무도 이제는 그것을 다 내어주어야 한다. 아름답던 잎들도 죄다 버리고 본래의 빈 모습으로 서야 한다. 나무는 열매를 맺었으되 열매의 주인은 아닌 것이다.

가을 햇살은 가난하다. 주위를 둘러보라. 산과 들의 빛깔도 이제는 원색을 벗어버리고 순한 가난의 살결을 드러내고 있다. 모든 것들이 한여름의 허세와 거만을 떨쳐버리고 겸손하고 가난한 얼굴로 돌아가 있다.

이런 계절에 누가 큰 소리로 노래할 수 있겠는가? 빈 마음과 가진 게 없는 몸으로 어찌 소리 높여 떠들어댈 수 있겠는가? 속삭이듯, 좀 더 낮은 목소리로, 조금씩 더 말을 줄이고, 지금까지 밖으로 향했던 시선을 돌려 내면의 고독을 응시해야 한다. 온갖 잡다한 말의 향연들, 일방적인 주장과 풍성한 정치적인 제스처 그리고 연인들의 열정의 불꽃도 이제는 그 심지를 줄이고 차분해져야 한다. 숲속에서 떠들던 작은 새들도 이제 그들의 목소리를 낮추지 않았는가?

나뭇잎이 떨어진다, 떨어진다, 멀리에선 듯
천상의 먼 정원이 시드는 것처럼
거부하는 몸짓으로 떨어진다.

그리고 한 밤 중 무거운 지구가
모든 별들로부터 나와 고독 속에 떨어진다.

우리 모두가 떨어진다. 여기 이 손도 떨어진다.
그리고 보라 다른 것들을, 모든 것이 떨어진다.

그러나 어는 한 분이 계시어, 이렇게 떨어지는 것들을
무한히 부드럽게 그의 두 손에 받아드린다.

릴케의 시 「가을」의 전문이다. 가을에는 나뭇잎이 떨어지고, 지구가 고독 속에 떨어지고, 손이 떨어지고, 세상의 모든 것이 떨어진다. 모든 것들이 떨어지므로 세속적인 가치와 일상적인 의미는 무의미로 환원되고, 그러한 무의미 속에서는 가질 것도, 가질 수도 없는 까닭에 가난할 수밖에 없으며 또한 고독할 수밖에 없는 것이리라. 이러한 가난과 고독 속에서 우리는 지금까지 잊고 있었던 존재의 목소리를 어렴풋이나마 들을 수 있고, 자신의 내면이 열리는 것을 보게 되는 것이리라. 아무리 가난하지 않으려고 발버둥치고 고독에서 도피하려고 애를 쓴다 할지라도 결국 우리는 자신의 본래적인 모습—가난하므로 순수하고 깨끗하므로 고독한 마음으로 돌아가야 한다. 마치 나무가 찌는 더위와 폭풍의 손톱을 인고하며 빛은 소중한 열매를 미련 없이 내어주고 홀홀히 빈 몸으로 서듯, 우리 또한 가진 것들을 이웃에게 나누어 주고 빈손으로 잊었던 자신을 찾아가야 한다.

이 가을, 만상이 떨어지는 현상에서 우주의 참모습을 읽고 있는 릴케의 시선을 빌려다가 조락의 중심을 응시하면 뜻밖에도 거기에서 우리는 무한한 한 분이 가장 부드럽게 우리를 받쳐주고 있음을 느끼게 되리라. 가을—가난—구원으로 이어지는 가장 소중한 삶의 진실을 깨닫게 되리라.

(『평생교육』, 1983)

백 번째 만나는 날

1974년 여름, 고교 평준화를 위한 연수교육을 받을 때였다. 대구 시내의 외국어교사들이 가득한 대형 강의실, 외지 출신인 나는 복도 쪽에 있는 지정좌석에 시골 닭처럼 쭈그리고 앉아서 혹시 아는 사람이라도 있을까 하고 두리번거렸다. 그 때 저쪽 창문 옆에 노르스름한 원피스 차림의 여교사가 눈에 띄었는데 그 옷 색깔 탓인지 그 부근이 환하게 보였다. 오전 강의가 끝나고 점심시간이 되어 모두들 복도로 우르르 몰려나갈 때, 나는 잠깐, 아마 0.7초쯤, 그 여교사와 눈길이 마주쳤던 것 같다. 그 순간 언젠가 영화에서 보았던 그리스의 하얀 대리석 신전과 이오니아 바다의 푸른 바다 물빛이 떠올랐다. 이상한 일이었다. 그리고 그 날 이후 며칠 동안 그 느낌은 아주 강렬하게 가슴에 남아 있었다. 나는 일기장에 그 여교사를 이오니아라고 명명했다. 연수의 끝 무렵 며칠은 전공별로 나뉘어 독일어 교사만 십여 명이 작은 교실에서 강의를 듣게 되었는데 그 때에도 나는 그녀에게 말 한 마디 건네지 않았다. 그리고 교육이 끝난 후 하숙방에서 끙끙거리며 「이오니아에게」라는 시를 한 편 쓰게 되었다.

> 이오니아/그대의 가슴에다/이 꽃 같은 기쁨을 묻어다오//수요일의 물계단을 딛고 내려와/내 눈썹 끝에 찰랑이는/지중해의 아침 햇살//그 현기의 이랑에서/파도를 차오르는/순은의 날개짓을//내 유년의 맑은 시간/그 찬란한 머리칼을 자르는/신선한 가위 소릴//묻어다오, 이오니아/신들의 야성을 길들이는/그대의 잔잔한 눈 속에다//이 빛나는 아픔을 묻어다오//향기처럼 아릿아릿/내 늑골을 침략해 오는/황금빛 몸살//이오니아/그대의 눈부신 가슴에다/이 꽃 같은 슬픔을 묻어다오
>
> —「이오니아에게」 전문

나는 그녀를 만나고 싶었지만 방학 중이라 연락처를 알 수 없었다. 방학이 끝나자 용기를 내어 그녀가 근무하는 학교로 전화를 했다. 그 때까지도 나는 그녀 이름의 마지막 글자를 잘못 알고 있었다. 통화가 되자 그녀에게 나의 신분을 밝히고 꼭 전할 말이 있다고 말했다. 그 날 저녁 시내의 어느 찻집에서 마주 앉았을 때 그녀는 조금 경계의 빛을 띠고 있었다. 나는 거의 한 시간 가량 매우 쓸데없는 이야기(그러나 잘 준비된)를 했다. 이야기 도중 그녀는 간혹

웃기도 했다. 드디어 그녀가 물었다.

"그런데 꼭 저에게 전할 말씀이 무엇이죠?"

나는 웃으며 대답했다.

"아, 벌써 다 말씀드렸는데요. 생각해 보십시오. 우리들은 서로 상대방에 대해서 아는 바가 거의 없는데, 이렇게 마주 앉아서 아주 쓸데없는 이야기를 가지고 한 시간이나 보냈습니다. 이것은 보통 일이 아니지요. 말하자면 역사적인 사실입니다. 저는 단지 선생님을 참으로 만나고 싶다는 것이었지요."

이렇게 해서 우리들은 계속 만나게 되었는데 열 번쯤 만났을 때 나는 그녀에게 선언했다.

"나는 결심했습니다. 나는 그 쪽의 생일이 언제인지 모릅니다만, 두 사람 중 먼저 다가오는 사람의 생일날 약혼을 하고, 늦게 오는 생일에 결혼을 하겠습니다."

그녀는 아주 황당하다는 표정을 지었다. 그 후 몇 번 의견의 충돌이 있었고, 만남의 위기도 겪었지만, 그러나 나는 그 날 선언한 대로 석 달 뒤에 다가온 그녀의 생일에 약혼을 했다. 그리고 다시 석 달 뒤에 맞이한 나의 생일날, 예식장에서 면사포를 쓴 그녀를 나의 신부로 맞이했다. 그 날이 그녀와 내가 100번째 만나는 날이었다.

(발표지(?), 1998)

젊은 날의 사랑과 고뇌

대학에서 독문과를 졸업하고 좋은 시인이 되겠다고 대학원의 철학과에 진학했을 때, 지도교수님은 "시는 '예견(Vorlaufen)'하는 일이고 철학은 '반성(Nachdenken)'하는 일이므로 시와 철학은 서로 다르다."고 하셨다. 과연 나는 힘들게 칸트와 하이데거의 숲을 헤매면서 관념을 키우고 시를 잃었다.

그러나 정확히 말하면, 시를 잃은 것은 철학과에 진학했기 때문이 아니라 이미 그 훨씬 전 군대시절부터 관념의 늪에 빠져 있었기 때문이었다. 당시의 관념을 어렵게 형상화해 본 것이 1972년 중앙일보 신춘문예에 입선했던 작품 「은유의 꽃」이었다. 그 무렵 꽃의 이미지는 바로 내 관념의 표상이었다.

(1)

한 밤 중 머언 하늘 끝에서/우주의 비밀처럼 빛나는/별이 떨어질 때//가장 신비한 모습으로 피어나서/아름다운 소멸을/배웅한다//스스로의 무게로/가지를 떠난 열매가/한없는 어둠 속으로 떨어질 때//가슴을 도려내어/완성의 형식을/부여한다//눈부신 빛의 뒤에 숨어서/온갖 빛나는 것들을 드러내는/어둠처럼//끊임없이 떨어지는 것들 속에서/하강의 질서를 다스리는 것은/꽃이여 너의 눈짓이다

(2)

정확히 초점을 맞추고/셔터를 누르고 나면/잡힌 것은 애매한 그림자다//돌아서면/아린 몸짓으로 다가오다가/손을 주면 이내 사라지고//잡는 방법을 전혀 포기할 때/남 몰래 내 안에/깃을 치는//너는 한 오리 율동이다/내 어린 시혼의/현을 튕기는

(3)

너는/우주가 하나로 집중할 때/비로소 열리는 눈이다//보석처럼 맑은 고독의 사슬로/일체의 빛을 묶어/흔드는 손이다//온 생을 한 가닥 활줄에 걸어/죽음을 겨냥하는 사수의/한 치의 흐트림도 거부하는 /엄격한 포우즈//중심을 깨뜨리는/모순의 얼굴이다//날카로운 혼란의 춤, 꽃이여

—「은유의 꽃」 전문

그러다가 나는 하나의 아름다운 실재(그것도 결국은 또 하나의 관념이지만)를 만나게 되었다. 나에게 그것은 그리스적인 품위와 향

기를 주는 여자였다. 횔덜린의 그리스에 대한 동경을 흉내내면서 나는 그녀를 이오니아라고 명명하고 그녀에 대한 사랑에 빠졌고, 그것을 형상화한 것이 「이오니아」의 연작들이었다.

이오니아/그대의 가슴에다/이 꽃 같은 기쁨을 묻어다오//수요일의 물계단을 딛고 내려와/내 눈썹 끝에 찰랑이는/지중해의 아침 햇살//그 현기의 이랑에서/파도를 차오르는/순은의 날갯짓을//내 유년의 맑은 시간/그 찬란한 머리칼을 자르는/신선한 가위 소릴묻어다오, 이오니아/신들의 야성을 길들이는/그대의 잔잔한 눈 속에다//이 빛나는 아픔을 묻어다오//향기처럼 아릿아릿/내 늑골을 침략해 오는/황금빛 몸살//이오니아/그대의 눈부신 가슴에다/이 꽃 같은 슬픔을 묻어다오

—「이오니아에게」 전문

결혼 후 얼마 동안 나는 시를 완전히 잃고 지냈다. 그러다가 아버지의 죽음을 보면서 인간의 한계, 혹은 나의 실존적 고뇌를 피할 수 없었다. 아름답고 피상적으로 보이던 세계가 어둡고 깊은 심연의 입을 벌리고, 말과 노래가 무서운 정적 속에 추락해 내리는 것을 경험했다. 그러한 경험의 일단을 형상화한 것이 앞의 〈임종〉과 그 비슷한 작품들이었다.

그대 보았는가/어둠이 내리는 저녁/쓸쓸히 거리를 지나가는 것/지평을 적시는/소음의 그늘 속으로/번쩍이는 소문들이 스러지고/이끼 낀 기왓장

에 꽂히는/달빛처럼, 적요한 고통으로/마지막 시간을 다스릴 때/그대 보았는가/도시의 지붕 위로 떠오르는/죽은 바다/모든 상승하는 것들은/아래로 떨어지고/떨어져 뒹구는 한 조각 붉은 꽃잎/보았는가 그대/무엇으로도 대신할 수 없이/그냥 지나가는 것/지나가다가 다시 뜨는 눈/다시 안개꽃 두어 송이 흔들림/흔들리는 지평 위로/스러지는 빛, 그대 보았는가/최후의 눈빛을 어둠에 묻고/쓸쓸한 거리를 지나가는 것

—「임종」 전문

그러나 지금 20~30년의 세월이 훌쩍 거짓말처럼 지나고 나서 돌아보니 그 젊은날의 아픔과 고뇌가 바로 지금 칼날처럼 아름답고 시퍼렇게 살아와서 가슴을 에이고 있다.

절망은 벼랑처럼 아름답다/벼랑 끝으로 청춘이 지나갔다/시간이 가파르게 기울고/칼날이 보인다 시퍼렇게/살을 스친다/살의 고통이 아름답게 빛나고/빈들에 꽃씨 하나가/벼랑 끝으로 날아오른다

—「봄날, 2」 전문

(『시와 반시』, 1999, 6)

책 읽는 여자

내가 좋아하는 C화백의 그림에는 언제나 고요함과 평화가 들어 있다. 그는 산을 즐겨 그리는데, 나는 그의 산을 통해서 나무와 바위, 골짜기와 능선을 다시 보게 되었다. 산은 짐승의 발자국이나 풀벌레의 미세한 동작, 그리고 물소리와 바람소리를 품어 안고 있다. 뿐만 아니라 햇살의 농도와 색채의 변화 등 자연과 우주의 비밀이 그의 산을 통해서 조용히 드러나는 것을 보면서 나는 나름대로 사물을 바라보는 방법을 생각하게 되었다.

언젠가 그의 화실에 갔다가 눈에 익은 산이 아니라 한 젊고 아름다운 부인을 그린 파스텔화를 만났다. 암녹색 마분지에 청색과 연한 주황을 주조로 하고 흰색과 분홍색을 곁들여 그린 여인의 화사한 자태가 첫눈에 나를 매혹시켰다. 그녀는 나른한 오후, 오른쪽으로 비스듬히 비쳐드는 햇살을 받고 앉아서 책을 읽고 있었다. 그녀 앞에는 몇 개의 과일과 꽃병이 놓여있고 꽃병에는 하얗게 핀 안개꽃 사이에 붉은 카네이션 몇 송이가 섞여서 어두운 공중에서 빛나고 있었다. 고요한 평화가 화폭 전체를 감싸고 있는데 암록색의 어두운 그늘에서 환하게 떠오른 여자의 무릎 위에는 한 권의 책이 펼쳐져 있고, 약간 갸웃한 자세였지만 단정한 어깨와 조용한 눈매가 매혹적이었다.

책 읽는 여자를 그린 것은 드물지 않다. 그것은 화가들이 즐겨 그리는 화장하는 여자, 잠자는 여자, 목욕하는 여자 등 흔한 포즈 중의 하나이지만, 그 날 내가 만난 그 여자는 아주 특별한 감동을 주었다. 그녀를 보는 순간 나는 그녀의 일기장을 훔쳐본 것처럼 가슴이 두근거렸다. 내가 그 그림을 대단히 좋아하는 것을 보고 C 화백은 그것을 나에게 주었다. 원래 그 그림에는 제목이 없었지만 나는 「책 읽는 여자」라는 제목을 붙였다.

책을 읽는다는 것은 정중동의 상태이다. 몸은 움직이지 않지만 읽고 있는 책의 내용으로 해서 지금 그녀의 마음은 대단히 역동적인 상태일 것이라고 나는 생각한다. 그녀가 지금 읽고 있는 것은 무엇일까? 그림의 분위기로 보아 프로이트나 라깡 같지는 않고, 아마도 지이드나 브론테 혹은 헤세나 토마스 만일는지도 모른다. 지금 그녀는 크늘프의 마지막 목소리를 듣거나 한스 카스토르프와 함께 스키를 타고 눈보라 속을 달리고 있을는지 알 수 없다.

나는 「책 읽는 여자」를 나의 연구실에 걸어놓고 여러 가지 상상을 한다. 그녀가 겪었던 여러 가지 일들, 예컨대 사랑과 이별, 그런 것에 대한 추억 따위를 상상해 본다. 그리고 이제 그녀는 오랫동안 책을 읽었으므로 문득 허기도 느낄 것이고 목도 마를는지 모른다. 탁자 위에 있는 유리컵 속의 냉수를 마시면서 자신의 내부에 타오르는 젊은 날의 어떤 불꽃을 응시할는지도 모른다. 책 속의 세계와 현실의 거리를 떠올렸을 때, 그녀는 문득 책을 읽느라고 점심을 걸렀다는 사실을 생각해 낼는지 모른다. 안온한 일상 속에서도 이유 없이 밀려드는 허기, 꽃과 과일 혹은 그리움과 추억이 아름답게 뒤섞인 파스텔의 화폭을 바라보면서 나는 그녀를 묘사해 보았는데 그것이 내 시 속의 「책 읽는 여자」이다.

한 다발의 꽃이 파스텔로 번진다 나른한
창가에서 그녀는 책을 읽는다
행간을 따라 푸른 추억들이 떼 지어 지나간다
지느러미와 그리움을 잘라낸다
커튼의 줄무늬가 흔들리고
가슴속에 묻어둔 문장들이 눈을 뜬다
그녀는 유리컵 속 추억을 마신다
책장을 넘기며 여름이 지나갔다고 생각한다
그녀 속에서 타오르는 불빛이
탁자 위에 놓인 나이프에 비친다

나이프에 잘려나간 어둠 쪽에 얼핏
지나간 젊음과 숨막히던 고통의 한 끝이 보인다
시장기를 느끼며 그녀는 햇살과
마요네즈를 섞어 한 접시의 문장을 요리한다
그녀 속에서 타오르는 불빛이
파스텔로 번지는 일상의 그늘을 비치고 있다
—「책 읽는 여자」 전문

(『문학과 창작』, 2002, 8)

갑년(甲年)의 감상

해방의 감격 속에서 태어난 소위 해방둥이들…. 어린 시절 6.25를 겪고 가난한 소년기를 건너 숨 가쁘게 산업화시대를 달려오던 이들이 어느덧 환갑나이가 되었다. 결코 짧지 않은 60년의 세월이 꿈결처럼 지나갔다. 여섯 살 때 피난 가던 기억이 흑백사진처럼 떠오르고, 4.19 때 거리를 행진하던 대학생 형들과 60년대 월남 전쟁터로 떠나던 친구들의 얼굴이 겹친다. 뿐인가, 광주사태와 민주항쟁 그리고 올림픽과 월드컵 등 우리들의 기억 속에는 다른 나라의 몇 백 년을 몇 십 년으로 건너온 역사의 압축파일이 들어있다. 그런데 역사의 강물은 흘러 해방둥이인 내가 어느덧 갑년(甲年)에 도달했다. 어릴 적에는 환갑노인이 퍽 아득해 보였는데, 이제 내가 그 나이가 되고 보니 어색하다. 지금 아이들이 나를 보면 아득해 보일 텐데, 아직도 나는 어린애에서 달라진 게 없는 것 같다.

가만히 돌아보면 아직 인생의 아침이었던 20대 시절부터 이미 마음 한쪽에서는 기우는 저녁햇살에 대한 두려움 같은 게 있었던 듯하다. 당시 읽었던 모리악의 문장이었던가—그의 사후에도 독자들이 자신을 기억해 주겠지만 언젠가는 그를 기억하는 마지막 독자도 결국은 죽어버리고 말 것이라는 구절이 매우 강렬하게 가슴을 쳤다. 아름다운 꽃들은 다 지게 마련이고, 즐겁게 지저귀는 새들도 모두 날아갈 것이며, 하늘에 반짝이는 마지막 별 하나도 결국은 사라지고 만다는 것이 매우 두려웠다. 나에게도 서서히 다가오고야 말 노년, 거부할 수 없는 죽음이라는 한계상황을 생각하고 어두운 관념의 늪을 헤매면서 나는 「어찌할 텐가」라는 시를 한 편 써 보았다. 그것은 눈썹이 하얗게 셀 미래의 자화상을 상상하며 스스로에게 던졌던 실존적인 물음이었다.

어찌할 텐가 그대
눈썹에 문득
서리가 돋아날 때

꽃은 흐득여 지고
새들이 숲으로 가버린 후
나머지 별 하나도 자취를 감출 때

밤은 그의 가슴으로 온통
어둠을 쏟아 놓아
최후의 빛도 스러져 갈 때

마침내 스러지는 것마저
끝났을 때

어찌할 텐가 그대
눈썹이 문득
옆으로 쏠리고 있을 때

—「어찌할 텐가」 전문

어찌할 텐가? 인생이란 이러한 질문을 스스로에게 묻고 그 답을 모색하는 과정이 아닐까? 간혹 나름대로 답을 찾아내는 이도 있겠지만 대개는 물음에 물음을 이어나갈 뿐 그 대답을 찾기는 어려운 게 아닐까? 그 후 나는 중년의 바쁜 일상 속에서, 스스로에게 던졌던 그런 물음을 대체로 잊고 지냈다. 그러나 조용한 시간이면 문득 어둠 속에서 별빛이 왈칵 흐려지고 갑자기 목이 메기도 했다. 우레나 번개처럼 무엇인가가, 부지불식간에 가슴 한 복판을 서늘하게 비칠 때, 그 때 서늘하게 이마를 스치고 지나가는 칼날 같은 것을 느끼기도 했다. 그것은 무엇이었을까? 생각건대 아득한 시간, 광활한 공간 안에서 아슬아슬하게 목숨을 얻어 살아나가는 나의 존재는 캄캄한 어둠 속에 한 번 반짝이는 반딧불이의 작은 불빛이 아닐까? 삶이란 것은 어쩌면 깊고 어두운 밤에 무엇인가 반딧불만한 것을 켜는 일이 아닐까 하는 생각을 하면서 그것을 형상화한 것이 「나는 반딧불」이었다.

깊은 밤, 반딧불 만한 것을 켠다
불빛의 가장자리가 젖는다
창문을 연다
먼 곳에서 누군가 못을 박는다
쩡,쩡,쩡, 산이 울린다
별들이 왈칵 흐려진다
알 수 없는 것에 목이 메인다
번쩍, 칼날 같은 게 지나간다

오, 나는 즐겁다 나는 칼 같은 기쁨, 내 숨결이 닿는 곳마다 쩡,쩡,쩡, 서리꽃이 핀다 그리고 이제 나는 안다 나의 시야를 스치고 지나간 햇살의 한 순간이 얼마나 눈물겨운 것인가를… 오, 나는 빛나는 고통, 나는 반딧불,

—「나는 반딧불」 전문

그런데 이제 세월은 사정없이 흘러서 이제는 내가 젊은 시절 은근히 두려워했던 눈썹에 흰 서리가 내리는 때가 되었다. 환갑의 나이란 기우는 저녁햇살의 시간이다. 한낮의 눈부시던 하늘빛이 연하

게 풀어지면서 서쪽 끝에서 노을이 번지기 시작한다. 무지개를 보면 가슴이 뛰는 것은 어릴 때나 어른이 되어서나 마찬가지이고, 장차 늙어서도 그러리라고 워즈워드는 노래했지만, 그러나 나이가 들면서 냉정히 돌아보니 감각이 무디어지고 가슴 두근거림이 둔해지고 있지 않는가? 오십이 되었을 때 나는 「문득 떨어지는 낙엽 하나가」라는 시로 지천명(知天命)의 감상을 써보았지만, 그것은 육십이 된 지금도 비슷하다. 어느덧 나뭇가지에 지저귀던 새들도 보이지 않고 사방이 자꾸만 비어간다는 느낌이 든다. 나는 남루하고 피곤하다. 어디로 가서 남루의 짐을 내려놓을까 하는 생각이 들기도 한다.

지천명에 이르니 모든 것이 부질없다
숨 가쁘게 달려온 길들이 흐릿하게 지워지고
유혹의 붉은 열매도 초점 너머로 물러선다
아직 해는 중천에 떠 있는데
가을 바람소리 문고리를 흔든다
천천히 주위를 돌아보니
앞 들 굽은 강이 산그늘 싣고 가고
뒤란 감나무에는 새들도 보이지 않는다
텅 빈 들판에 서서 어디로 가나
어디로 가서 남루의 짐을 내려놓을까
눈을 드니 문득 떨어지는 낙엽 하나가
지평의 서쪽 끝을 흔들고 있다
—「문득 떨어지는 낙엽 하나가」 전문

그러나 가만히 그리고 깊이 생각해 보면, 이 아득한 우주의 공간에서 다른 곳이 아닌 바로 여기에, 그리고 이 까마득한 시간 위에서 다른 때가 아닌 바로 지금, 바로 내가 이렇게 살아있다는 것이 얼마나 놀라운 일인가? 지금 내가 들이마시는 맑은 공기와 나의 시야를 스치고 지나가는 햇살의 한 순간이 얼마나 눈물겨운 것인가? 나이가 든다는 것은 바로 이 놀랍고 소중한 스스로의 삶을 깨닫게 하는 것이라고 생각된다. 이 아름다운 세상에서 소중한 생명을 얻어 정다운 이들과 함께 육십 년 세월을 지내온 것을 생각하면 그야말로 감사하고 감사할 따름이다.

(『시로 여는 세상』, 2005, 봄)

시 속의 시간 공간

나는 시간과 공간이라는 단어를 보면 막연히 우주라는 말이 떠오르고 머리 속이 아득해 진다. 우주의 나이는 150억 년*쯤 되고 그 크기는 지름이 100억, 혹은 1000억 광년쯤 그러니까 상상하기도 곤란하다고 과학자들은 말한다. 상상하기 편하게 150억 년을 1년으로 축소해 본다면 1월 1일 0시에 태어난 우주가 대폭발을 일으켜 팽창하면서 5월1일에 은하계가 생성되고 지구는 9월 1일에 태어나며 공룡이 살았던 때는 크리스마스 무렵이었고 인간이 지구에서 씨를 뿌리며 살게 된 것은 12월 31일 밤 10시 40분쯤이며 로마제국이 멸망한 것은 12월 31일 밤 11시 59분 58초경이었다

---

*요즘 소개되는 빅뱅이론에 의하면 138억년이지만, 필자가 이 글을 쓰던 무렵에 읽은 김제완 교수의 재미있는 책 『겨우 존재하는 것들』(1993, 민음사)에는 우주의 나이를 150억 살이라고 설명하고 있다.

고 한다. 그러나 그뿐인가? 미시적인 세계로 눈을 돌려보면, 우리에게 각종 질병을 유발시키는 바이러스의 크기는 10의 마이너스 7제곱미터, 즉 일만 분의 일 밀리미터의 크기인데, 원자는 다시 이것의 일천 분의 일의 크기이고 원자핵은 원자의 일만 분의 일이며 쿼크 입자는 다시 이것의 일만 분의 일이라고 하니 숨이 막힌다.

나는 옛날 중학생 때 과학시간에 원자의 크기를 탁구공만큼 확대한다면 같은 비율로 탁구공은 지구만큼 커질 것이라는 선생님의 설명을 듣고 대단한 충격을 받은 적이 있다. 당시에 들었던 겁이나 찰나라는 불교적인 시간개념도 매우 충격이었지만 그래도 그것은 종교적인 차원의 비유일 뿐 물리적 실재와는 다르게 여겼는데, 물질세계에 대한 과학자들의 얘기를 들으니 숨이 막힐 수밖에 없었던 것이다. 그 후에 인간을 무한대와 무한소의 중간적 존재라고 말한 파스칼이나 인간은 만물의 척도라고 한 프로타고라스를 내 나름대로 받아들이게 되었고, 노자나 장자 그리고 근대의 데카르트나 실존철학을 배우면서 시간과 공간을 객관적인 물리적 세계라고만 생각하지 않게 되었다.

세상의 모든 사물은 시간과 공간 안에서 인식된다. 시간/공간이 전제되지 않으면 사물은 존재할 수 없다. 나는 언제나 시간과 공간의 한복판에 서 있다. 과거와 미래로 이어지는 아득한 시간, 그리고 상하전후좌우로 뻗어나가는 아득한 공간을 생각해 보면 내가 서있는 지금 바로 여기가 시간과 공간의 중심이다. 시간과 공간은 나에게서 현실적으로 따로 분리될 수 없다. 다만 편의상 사람들은 공간을 x축, 시간을 y축으로 해서 좌표를 정하고 사물의 존재를 파악하는 것이다. 좌표상의 어떤 위치는 늘 내가 서있는 중심(제로점)에서부터 방향과 거리로 나타난다. 그리고 그것은 x축이나 y축 어느 하나로는 나타낼 수 없고 동시에 두 축의 조응으로만 가능하다.

그런데 예부터 인간의 신화적(혹은 시적) 상상력은 물리적인 시간/공간을 넘어서는 것이었다. 가만히 생각해보면 그 점이야말로 인간이 시간과 공간의 중심에 서 있다는 인식 위에서 출발하는 것이랄 수 있다. 나는 시가 원언어(볼노브)이고 언어는 존재의 집(하이데거)이라는 주장에 동조한다. 그래서 시는 언어에 의한 근원적인 것(존재)의 드러냄이고, 그것은 현실적으로 시간과 공간 속에서 가능하기 때문에 시적인 시간/공간은 존재자(사물)의 존재실현의 지평이다. 예컨대 서정주의 작품 「동천」의 시간과 공간은 매우 시사적이다.

내 마음 속 우리 님의 고운 눈썹을
즈믄 밤의 꿈으로 맑게 씻어서
하늘에다 옮기어 심어놨더니
동지섣달 나는 매서운 새가
그걸 알고 시늉하며 비끼어 가네

—「동천」 전문

이 작품에서 시인이 넘나들고 있는 '마음 속'과 '하늘'은 구체적인 물리적 공간이 아니고, '즈믄 밤'과 '동지섣달'의 시간도 구체적인 물리적 시간이 아니다. 시 속의 시간과 공간은 두말할 나위 없이 바로 물리적 시공을 넘어서 전개되며 그 위에서 존재자(사물)는 존재실현(진리 즉 비은폐)에 도달하는 것이다. 이러한 시의 세계에서는 공간의 크기나 시간의 길이 그리고 주체와 객체가 대립개념들이 아니라 하나로 합일되고 있다.

우주를 생각할 때
나는 한 송이 꽃을 본다

꽃 속으로 뻗은 여러 갈래 길과
꽃에서 비치는 수많은 빛과
꽃의 내음과 모양

가없이 너른 우주가
한 송이 작은 꽃 속에 들어앉는 것을
나는 시적으로 상상할 뿐이지만

꽃에 숨겨져 있는 것들은
밤하늘 별들만큼 신비하고
어느 별 하나의 기침 소리도
꽃의 비밀스런 일기 속에 들어 있다

꽃이여, 우주를 드러내는
천의 얼굴이여

내 손에 놓여 있는
한 송이 작은 꽃을 바라보면서
막연히 우주를 생각하는

나는 다만 꽃을 쫓는
한 개 눈이다
—「꽃(3)」 전문

나는 가없이 너른 우주(매크로코스모스)를 상상할 수 없다. 마찬가지로 나는 지극히 작은 세계(마이크로코스모스) 또한 상상할 능력이 없다. 그래서 나는 내 손바닥 위에 놓여있는 한 송이 꽃을 바라보면서 우주를 생각한다. 내가 감각할 수 있는 구체적인 사물인 꽃을 통해서 열리는 아득한 시간과 공간을 상상할 때 나는 전 우주적 시간과 공간으로 나의 상상력을 확대할 수 있는 것이다. 예컨대 꽃 속으로 뻗은 길들은 지극히 작은 세계이면서 동시에 무한으로 열리는 지극히 큰 세계일 수도 있다. 그러므로 〈가없이 너른 우주가/한 송이 작은 꽃 속에 들어앉는 것을/나는 시적으로 상상할〉 수 있다. 상상해 보면 극미(極微)의 세계 속에 숨겨있는 것들은 〈밤하늘 별들만큼〉 많고, 마찬가지로 우주적인 긴 시간 또한 눈 깜짝

임의 찰나적 시간에 신비롭게 조응한다. 그러므로 〈어느 별 하나의 기침 소리도/꽃의 비밀스런 일기 속에 들어〉 있는 것이며, 그러한 시간/공간 속에서는 작은 꽃의 찰나적인 생명의 시간은 큰 우주의 시간에 합류하여 영원한 시간이 된다. 그러므로 우리의 눈앞에 드러나 있는 하나의 구체적인 사물, 예컨대 우리가 감각하는 꽃은 아득한 우주의 표상으로서 그 속에는 매크로코스모스와 마이크로코스모스의 신비스러운 합일의 사건이 일어나는 현장이 되는 것이다. 시인이란 바로 이러한 신비스러운 현장을 목격하는 사람인 것이다.

(『시와 반시』, 1998)

3부 단편소설

결혼

이런 얘기는 말로는 잘 나타낼 수 없는 것인데… 아무리 썩 잘 표현하고 정확하게 묘사한다고 해도 그것은 어디까지나 표현 혹은 묘사일 뿐이지, 생생한 체험 그 자체와는 별개일 테니까 말입니다. 만일 아주 훌륭한 화술을 구사하여 빈틈없이 얘길했다면, 어떤 면에서는 오히려 화술 때문에 실제의 체험과는 더욱 멀어질는지도 모르는 일이 아니겠습니까? 왜냐하면 우리의 언어란 이상한 규정력과 창조력을 가지고 있는 것이어서, 어떤 사건을 얘기하다 보면 말은 그 사건 자체와는 이미 다른 또 하나의 새로운 내용을 구축하고 있으니까 말입니다.

처음부터 무슨 잔소리가 그리 장황스러우냐고요? 잔소리라니… 실은 나의 이 염려가 이런 잔소리로 하여 조금이라도 해소될 수만 있다면 얼마든지 잔소릴하고 싶은 심경인걸요. 이건 그만큼 센시티브한 얘기가 될 것입니다. 글쎄, 그만 해 두고 어서 이야길 시작해 보라고요? 네, 하긴 그래요. 소문난 잔치에는 먹을 게 없다고, 서두가 길면 그 내용은 대개 빈약해지는 법이니까요. 그럼 잔소리는 이쯤해 두고, 자, 얘길해 드릴 테니 아가씨, 이쪽으로 앉으세요. 아니 이렇게… 하앗, 죄송합니다. 남의 앉음새까지 일일이 간섭을 하는 것을 과히 나쁘게 생각지는 마십시오. 왜냐하면 나는 좀 신경이 예민한 편이어서 시선이 거북해지기 쉬운 걸요. 네, 실례… 그런데 참, 얘기 들으시기 전에 한가지 조건에 응하겠다는 약속을 해 주십시오. 뭐냐고요? 글쎄, 어려운 조건은 아니니까 안심하고… 뭘 주저하는 거예요? 다만 얘기가 끝나면, 얘기하는 사람 목이 마를 테니 차라도 한 잔 사야한다는 조건인데… 그야 물론이라고요? 좋아요. 거듭 얘기하지만, 사실 이런 신묘한 체험은 값싸게 함부로 지껄일 얘기가 아닌데… 피이—라니요, 들어보기도 전에 이제는 다 알겠다는 뜻인가요? 이건 정말이지 내게는 아주 소중한, 하나의 영적인 체험이었답니다. 자아, 그럼 이제 정말로 시작하겠습니다.

어제 저녁이었습니다. 저녁을 먹고 어슬렁어슬렁 바람을 쏘이면서 청계천변의 헌책점들을 기웃거리다가, 나는 단돈 이십원을 주고 책을 한 권 샀습니다. 제목은 카뮈의 수필집인 『결혼』. 조그마한 문고본에 종이도 질이 나쁘고 인쇄도 선명하지 못한데다가 조금 낡은 것이긴 했지만, 그래도 그것이 내게는 마치 대어를 건져올린 듯한 대단한 수확이었습니다. 지난 겨울방학 때 아가씨가 내게 한 번 빌려주었던 책, 네, 기억나죠? 맞아요. 녹색 커버에 S문고, 바로 그것입니다. 가만, 잠깐, 어제 산 그 책, 여기 가지고 왔습니다. 이것 말예요. 전에도 말했지만, 이 책은 완전히 나를 매혹시켰었거든요. 그래서 어제 저녁에도 이 책을 가지고 집에 돌아가자마자 나는 다시 한 번 숨 가쁘게 읽었습니다.

대학에 들어온 후, 나는 카뮈의 몇 가지 작품을 읽을 기회가 있었습니다만, 그 때마다 그의 소설들은 웬일인지 아주 생경한 느낌을 주곤 했었습니다. 그것은 아마 번역이 나빠서였는지, 나의 독해력이 부족한 탓이었는지, 아니면 그의 글이 나의 성격에 맞지 않는 까닭이었는지, 그것도 아니라면 번역도 나쁘고 독해력도 형편없는데다가 내 성격도 카뮈의 그것과는 거리가 멀어서 그랬는지 그 이유는 확실히 꼬집어내기가 어렵습니다. 하여튼 그의 낯선 언어들은 흡사 메마른 사막의 모래알처럼 금세 내 눈을 피로하게 했기 때문에 나는 마치도 싫어하는 음식을 엄마에게 칭찬받기 위해서 억지로 먹어대는 아이들처럼, 재미도 느끼지 못하면서 억지로 읽곤 했습니다. 그래서 조금씩 읽다 치웠다 다시 읽다 치웠다 하면서『흑사병』과 『전락』을 겨우 읽었고, 최근에 와서야 『이방인』을 읽었습니다. 그런걸 뭐라고요? 무얼 그리 애를 쓰며 읽었느냐고요? 그래, 맞아요. 사실은 창피스러운 얘기지만, 친구들은 카뮈가 어떻고 사르트르는 어쩌고 하는데 나는 아무 말도 못하고 있으려니까 부끄럽기도 하고 은근히 약도 오르고 부럽기도 해서, 마치 쓴 탕약을 마시듯이 마지못해 몇 장 들춰 보았다는 것이 정직한 표현이겠지요.

그러던 내가 말입니다. 아가씨가 빌려주었던 바로 이것, 카뮈의 수필집 『결혼』을 읽고는 얼마나 가슴이 벅차올랐는지 아십니까? 특히 이 수필집에서 『티파사에서의 결혼』은 왜 나를 그렇게 매혹시켜 버렸는지 지금도 이상할 지경입니다. 그 문장들의 시원시원한 흐름과 아름다운 율동감, 그 사이에서 풍겨 나와 머리가 어찔하도록 코를 찌르는 남국의 강한 향취, 눈이 아리도록 은빛으로 반짝이는 하오의 바다, 폐허 속에 무성하게 자라나는 잡초들의 초록색 함성, 그리고 그 속에서 벌어지는 온갖 신들의 향연이 눈에 보이듯 선연하기까지 했던 것입니다. 그래서 나는 그것을 몇 번이나 되풀이해 읽었는지, 솔직히 말한다면 나는 아가씨의 그 책을 슬쩍 먹어버릴 작정까지 해 보았을 정도였습니다.

자, 이제 카뮈의 그 책 얘기는 일단 여기서 접어두고 오늘 아침 일어났던 그 〈신묘한 체험〉 얘기로 말머리를 돌리겠습니다.

오늘 아침이었습니다. 학교에 오기 위해 차를 기다리다가 나는 첫 번째 버스를 그냥 보내고 두 번째를 탔습니다. 꼭 무슨 이유가 있어서 그랬던 것은 아니었고, 단지 처음의 버스는 좀 낡은 것이어서 좌석도 나쁠 테고 또 등교시간도 어느 정도 여유가 있었으므로 조금 편안하게 오고 싶었기 때문이었겠지요. 내가 탔던 두 번째 버스는 새 차이긴 했지만 손님이 너무 많았기 때문에 나는 밀려서 차츰 안쪽으로 들어갔습니다.

만원버스… 이건 좀 다른 얘기이지만 아가씨, 이런 만원버스 얘기는 어쩌면 우리들 시대의 우리 사회를 대변해 주는 좋은 역사적 소재가 될 것입니다. 아마 백 년쯤 후에, 우리들의 손자들의 자식들은 이런 얘기를 하겠지요. "…글쎄 말이야, 우리 아버지의 할아버지나 할머니들은 그 옛날 버스라는 좀 큰 합승 자동차를 타고 학교엘 다

넜다더라. 근데 말이야, 그때는 차를 태워주는 장사도 꽤 수지가 맞았대. 그게 영업용 버스라는 것이었다는데, 조금이라도 더 돈을 벌기 위해서 사람들을 마치 짐짝처럼 빽빽하게 태웠기 때문에, 사람들은 그냥 선 채로 남자, 여자, 어른, 아이 할 것 없이 어깨나 머리, 가슴을 서로 부딪치기도 하고 비비기도 했대. 왜냐하면 그 차가 털털거리거나 급커브를 틀거나 하면 안 그럴 수가 없었다는 거야. 그러니 말이야. 그런 곳에서 곧잘 우리 같은 나이 또래의 아이들은 눈이 마주치거나 발이 밟힌 연유로, 또는 책가방이란 것을 받아준 이유로 해서, 그게 인연이 되어서 연애도 했다더군. 상상해 봐라. 얼마나 신나겠니? 지금 우리들에게도 그런 영업용 버스라는 것이 있음 참 좋겠지? 얼마나 재미있는 일이겠니, 글쎄…"하고 말입니다. 그렇지 않겠습니까?

그건 그렇고, 하여튼 안쪽으로 들어간 나는 손잡이를 잡고 서 있다가 내 앞에 선 여학생의 어깨 너머로 앞자리에 앉아 있는 여학생과 눈이 마주쳤습니다. 흔히 있을 수 있는 일이지요, 물론. 사실 솔직히 말해서 만원버스에 손님이 모두 우락부락한 남학생들뿐이라면 아침저녁으로 얼마나 피곤한 노릇이겠습니까? 우리는 서로를 슬쩍 훔쳐보고 서로를 은연중에 조금씩 보여 주면서 인간을, 생활을 알아가고 배우며 싫증도 내면서 차츰차츰 어른이 되어 가는 게 아니겠습니까? 자리에 앉아있는 그 여자는 머릴 짧게 깎아서였는지—아마 그게 〈미니 커트〉라는 헤어스타일일 겁니다. 왜 우리 과에 있는 K양과 같은 머리 모양 말입니다—상당히 시원한 느낌을 주는 얼굴이었습니다.

그냥 우연히 마주쳤던 눈길이었으니까 서로 자연스레 돌렸지요. 그러다가 잠시 후 다시 그 여자와 눈이 마주쳤을 때, 나는 그 여자에게서 무엇인가 명확하게는 설명할 수 없는 어떤 점이 나를 끌어당기는 듯싶게 느껴졌습니다. 그것 아주 막연한 느낌, 그것이었습니다. 막연한 느낌이라니… 뭐, 강하게 확 끌리는 것도 아니면서, 그렇다고 또 아무렇게나 그냥 지나쳐 버리지도 못하겠다는 이상한 느낌 말입니다. 지극히 애매모호한, 선의도 그렇다고 악의도 아닌, 그러면서도 야릇한 기대와 호의를 갖게 되는 얼굴, 얼핏 막연한 동경과 선망을 불러일으키면서도 그저 평범한 얼굴, 그런 얼굴을 보는 기분이었습니다.

차가 동대문을 지날 무렵 그 여자가 다시 나를 쳐다보았을 때에야 나는 나도 모르는 사이에 상당히 오랫동안 그 여자에게 시선을 주고 있었던 걸 깨닫고는 열적어졌습니다. 그래서 그 여자의 시선을 슬쩍 비껴서 창밖으로 나의 시선을 밀어냈지만, 얼마 가지 않아서 내 눈은 마치 자석에 끌리는 쇳조각처럼 다시 그 여자에게로 끌려가고 있었습니다. 끌려가고 있다니… 그래요 그것은 아무튼 묘한 노릇이었습니다. 생각해 보세요. 생판 모르는 사람을, 그것도 더구나 여학생의 얼굴을 자꾸만 훔쳐보는 것은 예의에 어긋나는 일이니, 미안하고 죄스러운 기분이 들지 않겠습니까? 그래서 난 의식적으로 그 여자를 보지 않으려고 마음을 먹었습니다. 그런데도 불구하고 이게 웬일입니까? 어쩔 수 없이 나의 시선은 자꾸만 그 여자에게로 향하게 되니 정말 이상하지 않습니까? 네? 굉장히 뭐라고요? 그 여자가 굉장히 미인이었던 모양이라고요? 아니, 그렇다면 그건 어떤 면에서, 남학생인 나에게는 오히려 당연하고 자연스러운 일이니까, 지금 이렇게 장황스럽게 늘어놓을 필요가 없는 게 아니겠습니까?

아가씨, 믿어 주십시오. 정직하게 말하지만 그 여자는 절대로—절대로라는 이 부사가 좀 과장된 표현일는지 모르지만—아가씨가 지금 추측하는 것처럼은 그렇게 뛰어난 미인이 아니라 그저 동그스름하고 아무 데서나 흔히 볼 수 있는 평범한 얼굴을 가진 여대생이었다는 사실을 말입니다. 지금 내가 이제 열일곱 여덟살쯤 먹은 소년이라면 무슨 리즈 테일러나 진 시몬즈 같은 얼굴에 매혹되어 떠들어댈 수도 있겠지만, 우리는 이미 대학 상급 학년생이 아닙니까? 다행히,—이 얘기로 보아서는 다행히—그 여자는 그렇게 미인도, 그렇다고 못 생긴 편도 아니었습니다. 입고 있는 레이스가 달린 얇은 초록색 블라우스라든지, 블라우스 앞 왼쪽 가슴에 단 동그스름한 학교 배지라든지, 무릎 위에 올려놓은 몇 권의 책과 여대생용 가방, 그 위에 살짝 깍지 낀 희고 섬세해 보이는 두 손, 손목에 찬 조그만 시계 등 아무런 특징도 없었는데, 이상하게도 그 여자가 끊임없이 나의 눈을 끌고 있었던 것은 사실이었습니다.

아, 그렇지요, 글쎄. 혹시 그 여자의 눈이 나를 끌고 있었는지도 모르겠습니다. 하지만 사실 그 눈도 그저 평범한, 화장기도 없는 그것이었고, 유별나게 크거나 작지도 않은데다가 그렇다고 해서 혹은 환상적이라거나 사색적인 눈이라고 느껴지지도 않았습니다. 그런데도 이상스레 신선해 보였고, 그 순간, 정확히 말한다면 약 일 초 동안 나는 생명이란 바로 이 여자의 눈빛과 같은 게 아닐까하는 엉뚱한 생각을 해 보았습니다. 사실 우리들의 의식세계는 때때로 얼마나 허황하고 조리에 맞지 않는 동경이나 연상의 장을 집어내는 것입니까?

어쨌든 나는 왜 자꾸만 그 여자를 쳐다보게 되는 것일까하는 생각을 하다가, 거기에는 틀림없이 무슨 이유가 있을 것이라고 여기고 그 이유를 캐어 보려고 애를 썼습니다. 세상에 정말 원인 없는 결과가 없다면 그 여자가 나의 시선을 끌어당기는 이유는 어떻게 설명될 수 있는가?하고 자문해 보다가 나는 불현듯 어디선가 그 여자를 한 번 보았는지도 모른다는 생각이 들었고, 그 생각이 그럴싸하게 여겨져서 잘 기억해 낸다면 서로 알만한 사이일 가능성이 있을 것 같아서, 약간의 초조감과 기대감을 뒤섞으면서 골똘히 그 여자와 만났던 일이 없을까하고 기억을 더듬어 보았습니다. 언제, 어디서 그리고 어떤 연유로 만났었을까? 하지만 아무리 생각해 보아도 내 기억의 가지 끝에는 그 여자의 흔적이란 전혀 묻어 있는 것 같지가 않았습니다.

하지만, 혹시, 또, 모르지요. 언제가 어느 다방에 무료하게 앉아서 담배를 피우면서 수족관 안에 노니는 열대어를 구경하다가, 수족관 건너편에서 역시 금붕어를 바라보고 있던 여학생의 눈을 흔들리는 수초 사이로 얼핏, 보았는지도 모를 일이고, 또는 복잡한 명동길을 약속 시간에 늦어 바쁘게 걷다가 어깨라도 세게 부딪쳐서 황급히 "미안합니다"하고 실은 미안한 표정도 지을 사이 없이 일초 동안 쳐다보았던 일이 있을지도 모르고, 아니면 국민학교 3학년인가 4학년 무렵 동무를 따라갔던 유년주일학교에서 머리에 빨간 리본을 매고 앞에 나와서 〈예쁜 새들 노래하는 아름다운 갈릴리…〉를 곱게 노래했던 작은 계집애가 어느덧 그렇게 자라서 대학생이 되어 내 앞에 앉아 있는지 누가 알겠습니까? 그렇지도 않다면 그 여자의 어머니나 언니를 극장이나 음악회장의 휴게실 같은 곳에서 만난 적이 있을는지도 모르고, 그도 아니라면 그 여자의 여러 보이 후랜드 중의 하나가 나의 친구일는지… 또는 대학 일학년 때 첫 번째 미팅에서 나의 파트너였던 곱슬머리 여학생의 단짝이었던 관계로, 내가 그날 글짓기 게임에서 상으로 받았던 여학생용 스타킹을 주었다는 이야기를 그 곱슬머리로부터 들은 적이 있을는지도…

하지만, 하지만 말입니다. 설령 그렇다손 치더라도 그게 무슨 상관이 있다는 것이겠습니까? 아무튼 나는 오늘 아침 버스 안에서 퍽 오랫동안 꽤 여러 가지로 그 여자에 관해서 생각을 했고, 몇 번이나 그 여자와 눈이 마주쳐서 당황스레 어색한 시선을 피했는지 모르겠습니다. 그런데 묘한 일은, 자꾸만 그런 생각을 해서 그런지 어떤지는 모르겠습니다만, 차츰차츰 그 여자는 처음에 말했던 것처럼 그렇게 그냥 평범해 보이지는 않게 되었고, 한 겹씩 평범이라는 의상을 벗어버리고 비범의 속살을 드러내는 것 같았습니다. 예를 들면 그것은 마치 선인장의 꽃이 피어나는 것처럼, 눈에 뜨이지 않는 사이에 재빨리 거짓말처럼, 진한 색소를 뿜어내듯이, 이 여자의 존재는 어떤 아름다움이랄까, 또는 일종의 놀라움과 친근함이라는 형상으로서 내 의식의 울타리를 넘어 향기처럼 침략해 들어오는 듯 했습니다. 그러다 보니 어느덧 그 여자의 몸 전체에서는 건강하고 향긋한 즐거움이 흐르는 상 싶었고, 그 여자의 크지도 작지도, 그렇다고 환상적이라거나 사색적이라고도 할 수 없던 눈에서는 아주 맑은 생명이 쾌활하게 반뜩이는 듯 했습니다.

바로, 그 때였습니다. 내가 일순, 그 여자가 입은 초록색의 얇은 블라우스에서 진한 풀냄새를 맡았다고 느꼈던 것은… 블라우스의 얇은 천이 반쯤 열어놓은 차창으로 밀려드는 시원한 바람에 펄럭일 적마다 뭔가 모를 신묘한 소리라도 들려오는 것 같았습니다. 그러자 그 여자의 얼굴은 마치 구름을 뚫고 나온 눈부신 햇살처럼 잠시 동안 나의 시선을 아리게 했고, 그 순간, 나는, 엊저녁에 읽었던 카뮈의 수필집 『결혼』이 생각났으며, 동시에, 내가 어느 해엔가 바닷가에서 보았던 여름날의 타는 태양과, 소금 냄새에 곁들여 코가 메도록 후각을 찌르던 풀내음을 상기했습니다. 그토록, 강하게 나의 전 육신과 여린 감성을 휘감아 오던 바닷가에서의 그 몇 개 기억의 파편들이 반짝이며 다가오는 것이었습니다.

대학 일 학년 여름 방학 때 나는 C형과 함께 인천에서 통통배를 타고 여섯 시간인가 걸려 E라는 섬에 놀러 간 적이 있었습니다. 그 섬은 그 당시부터 여름 해수욕장으로 각광을 받기 시작했기 때문에 거길 택한 것이었지요. 오후 서너 시경에 그 곳에 도착했는데, 우리는 야영을 할 준비도 없이 그냥 민박을 할 예정이었기 때문에,

수영복과 세면도구가 든 작은 백을 어느 상점에 맡겨놓고, 우선 산에 올라가 그 섬 전체를 조망해 보기로 했습니다. 그래서 간단한 요기를 마치고는 곧 등산을 시작했는데, 그 날은 날씨가 무덥고 바람도 별로 없어서 우리는 땀을 굉장히 흘렸었지요. 그 날의 이글이글 끓던 태양의 열기와, 짠 바다 냄새를 곁들인 그 계곡의 무성한 풀내음을 나는 지금도 잊을 수가 없습니다.

우리는 무더위에 너무나 지쳐서 산정에 오르기를 중단하고 산기슭의 어느 나무 그늘에 앉아 바람에 땀을 식히면서 바다를 내려다보았습니다. 쉼 없이 밀려오다 허옇게 부서지는 물거품, 수 천 만년을 파도에 씻기고 할퀴었을 검은 바위와 모래 벌, 그리고 멀리 아련하게 하늘과 물을 양분하는 수평선, 이런 것들 사이로 눈길을 뒤채이면서 우리는 한 동안 서로 아무 말도 않고 있었습니다. 그러다가 얼마 후, 나무 그늘과 풀내음 그리고 시원한 바닷바람에 젖어 감미로운 나태가 밀려올 무렵, C형은 느닷없이 내게 알베르 카뮈의 『결혼』이라는 수필집을 읽어 본 적이 있느냐고 물었습니다. 물론 그 때는 아직 못 읽었다고 대답했더니, 언제 기회를 내서 잊지 말고 꼭 한 번 읽어보라고 말했고, 나는 그냥 건성으로 그러겠다고 대답했는데, 나는 왜 그가 그 때 그 곳에서 느닷없이 그 얘길 꺼냈는지 묻지도 않았습니다.

그 다음 날 오후였습니다. C형은 재수 없게 눈병이 나서 수영을 할 수 없게 되었기 때문에 우리가 빌렸던 토담집 방에 그냥 남아 있었고, 나 혼자서 바다로 나갔습니다. 모래벌이 해수욕장으로는 그리 넓은 편은 아니었지만, 피서객이 많이 오지 않은 곳이어서 그런지 눈이 시도록 희고 깨끗했습니다. 고작해야 열 댓 개쯤되는 텐트, 그 정도되는 보트, 해수욕하러 온 손님이래야 아마 이백 명이 채 못돼 보였습니다.

나는 바다로 뛰어들어 파도에 몸을 맡기고 수평선을 향해 천천히 헤엄쳐 나갔습니다. 전날의 수영에서 얻은 피로가 오히려 차가운 물결에 씻겨내리는 듯 기분이 상쾌했습니다. 한없는 만족과 열락이 지체를 움직일 적마다 전 육신을 휘감아 왔습니다. 그 때 문득 이런 생각이 났습니다. 어쩌면, 먼 옛날 우리의 고향은 바다였는데, 어떤 잘못을 저질러 해신으로부터 추방을 당해 육지로 쫓겨났는 지도 모른다. 그래서 우리는 한없이 바다를 그리워하고, 바다를 마주 대하고 설 때면 간단없는 정겨움과 동시에 어떤 두려움 같은 감정을 갖게 되고 바닷가에 오면 아무리 도학자연한 사람들까지도 마음이 부풀어서 마치 엄마 품에서 보채던 어린 시절의 철부지처럼, 뒹굴고, 물장난을 치고, 뛰고, 웃고, 떠들고 싶어지는 모양이라고… 사실 바다란 우리들의 고향, 우리는 수억 년 전에 바다에서 살던 미물이 진화해서 육지로 나온 것이란 얘기도 있지 않습니까? 바다는 살아 거대한 심장을 가지고 있어서, 잔잔하면서도 기슭으로 나올수록 차음 거센 호흡의 파도를 단 한 번도 어기지 않고 보냅니다. 규칙적인 바다의 호흡, 풍부하고 비밀한 바다의 역사, 수 천 수 만년의 시간의 뼈를 녹여 가지고 있는 그의 내용, 누가 바다 앞에서 오만해 질 사람이 있겠습니까?

내가 물에서 다시 나왔을 때였습니다. 나는 마치 물먹은 솜처럼 지쳐서 휘적휘적 모래밭을 걸어 나오는데, 그 때 한 여자가—노란 수영복에 노란 모자를 썼던 것으로 기억되는데—비스듬히 앉아서 수평선을 바라보고 있었습니다. 그 여자의 옆을 지날 때 그 여자는 나를 빤히 쳐다보았는데, 웬일인지 나는 그 짧은 시선 곳에서, 어떤 이상한 충격을 받았습니다. 전혀 터무니없는 일이지만, 그 여자는 오랫동안 나를 그리워하고 희원하는, 아니 오히려 내가 이제껏 찾아오던 여자일지도 모른다는 생각과, 어쩌면 그 여자와 나는 굉장히 가까운 친척일지도 모른다는, 아니면 언젠가 이와 똑같은 만남이 있었던 것 같은 생각이 들었습니다. 정말 터무니없는 생각이지요. 근데 그 순간 얼핏 그 여자는 나를 보고 웃은 것 같기도 하고 아닌 것 같기도 했는데, 나는 까닭 없이 수줍고 부끄러워져서 마치 국민학교 4학년 학생이 운동장 조회시간에 무슨 상장이라도 받고 들어가는 것처럼, 한눈도 팔지 않고 좀 빠른 걸음으로 그 여자 옆을 똑바로 지나갔습니다. 그리고 꽤 멀리 걸어 나가서 뒤를 돌아보았을 때는 이미 그 노란 수영복의 여자는 다른 수영객들 중의 한 사람, 말하자면 그냥 그저 흔한 수영객이라는 일반명사 이외에 더한 이름을 줄 수 없다는 그런 모습이었습니다.

그러나 나는 지금도 똑똑히 기억할 수 있습니다. 한 쪽 무릎을 세우고, 세운 무릎 위에는 길고 가뭇한 윤기 나는 팔을 걸치고 다른 쪽 팔을 뻗어서 몸의 무게를 받치고 비스듬히 앉아서 물에서 걸어 나오는 나를 바라보고 있던 그 여자를 말입니다. 건강하고 날씬한 몸매, 생기에 넘쳐 빛나던, 웃을 듯 말 듯하던 입술, 쏘는 듯하면서도 오히려 정겨운 눈매, 그리고 강한 햇살과 눈부신 하얀 모래밭 등을 말입니다. 우리는 가끔 어떤 기회에 전혀 알지 못하는 사람의 눈에서도 이상한 충격을 받을 때가 있지 않습니까? 그 이유는 어떻게 설명해야 할지 모르겠지만 적어도 나는 그런 경험을 여러 번 갖고 있거든요. 뭐랄까, 알 듯 모를 듯한, 어쩌면 같은 고향의 사람들, 아니면 몇 수만 년 전의 원시 혈거 생활을 할 때 어둠침침한 동굴 속에서 마주친 눈빛이었다는 기묘한 상상을 하게 하는 충격을 말입니다.

C형과 나는 이틀을 더 그 섬에서 묵고 돌아왔습니다. 돌아올 때의 얘길 한 가지 덧붙여야 되겠습니다. 우리는 올 때에도 통통배를 탔지요. 그 날, 바다는 거울 면처럼 맑고 잔잔했고, 따가운 햇살이 눈을 아리게 비치고 있었습니다. C형과 나는 나란히 배의 난간에 기대어 서서 멀어져 가는 섬과 한가히 원을 그리며 비행을 하는 갈매기, 그리고 배가 물을 갈라내어 하얗게 부서지는 물거품을 바라보고 있었지요. 그 때, 섬 저 쪽 기슭에서 한 척의 쾌속정이 요란한 엔진 소리를 내면서 나타나더니 빠른 속도로 우리가 탄 배를 약 십여 미터쯤 가까이 스쳐 지나갔습니다. 그것은 어느 외국인들의 호화로운 물놀이였던 듯 싶었습니다. 왜냐하면 그 쾌속정의 갑판 위에는 한 서양 여인이 앉아 있는 게 보였기 때문입니다. 그 여인은 차양이 넓은 밀짚모자를 쓰고 긴 금빛 머리칼을 뒤로 휘날리며 한 손을 뻗어 뒤로 젖힌 몸을 받치고 비스듬히 앉아 있었습니다. 그리고 한 손으로는 눈에 쓴 선글라스를 벗을 듯 말 듯 쥐고 있었는데, 그

모습이 마치 무슨 외국영화에 나오는 여주인공의 그것처럼 퍽 우아하고 아름답게 보였습니다. 우리는 그 여인의 멋진 포즈에 아마도 압도적으로 매료당했던 것 같습니다. 상상해 보세요. 잔잔한 푸른 바다, 여름의 한낮을 내려 쬐는 태양, 눈부신 하늘, 우아하게 비행하는 갈매기들, 그런 공간을 깨뜨리고 나타난 유선형의 하얀 쾌속정, 그 갑판 위에 앉아 있는 금발 여인의 멋진 포즈, 그것은 마치 한 복면의 기사가 붉은 망토를 휘날리면서 오른쪽 숲 속에서 나와서는 순식간에 화면을 가로질러 멀리 지평선 너머로 먼지를 일으키며 사라져가는 무슨 외국의 영화 장면처럼 신선한 박진감을 선사해 주는 것이었습니다.

그 때 C형은 느닷없이 내게 카뮈 얘기를 꺼냈습니다. 카뮈는 건강하고 싱싱한 지중해적인 영혼을 비비드하게 표현하는데 가장 성공했던 작가라느니, 뫼르쏘야말로 이단아가 아니라 우리들 시대의 가장 솔직한 우리의 자화상이라느니 하는 얘길했습니다만, 나는 그런 얘기에는 통 흥미가 없었고, 단지 배가 달리기 때문에 부딪쳐 오는 바닷바람의 시원한 만족함에 젖어 멀리 사라져가는 쾌속정과 그 갑판 위의 여인의 모습에만 눈을 주고 있었습니다.

지금 생각해 보면 당시 C형이 그 섬에서 풀내음을 맡으며 느꼈던 신선한 기분과, 여름 바다와 끓는 태양 등등이 카뮈의 수필집 『결혼』이나 소설 「이방인」의 배경을 떠올리게 해 주었던 모양입니다.

자, 이제 그 여행 얘기는 이쯤해 두고, 다시 아까 그 버스에서의 이야기로 돌아가 보겠습니다.

버스 안에서의 그 레이스가 달린 얇은 초록색 블라우스를 입고 미니 커트의 헤어스타일을 했던 그 여자는 내가 자꾸만 자기에게 시선을 주었기 때문인지 어떤지는 모르지만, 일종의 어떤 우월감 비슷한 기분을 갖고 있는 듯 해 보였습니다. 그것은 왜냐하면, 만일 나의 관찰이 정확했다면, 확실히, 그 여자의 윤기나는 다문 입술에서 나는 아주 미세한 웃음—이라기보다는 실낱같은 조소의 그늘이 빠르게, 살짝 스쳐 가는 것을 보았기 때문이었지요. 나의 시선이 자꾸 그녀에게로 끌려갔다는 사실은, 다시 말해 끌린다는 수동성은 그 여자가 무엇인가 나보다는 강하고 우월한 점을 갖고 있었다는 말이 되지 않습니까? 그러니까 그 여자는 무의식중에 나에게 어떤 오만한 표정을 지었을 가능성도 인정해 주어야 합니다.

그 때, 나는 마치 꿈에서 깨어난 것처럼 펄쩍, 정신이 들었고, 뭔가 모를 열적은 느낌이랄까, 혹은 수치심 같은 감정의 물결이 파상적으로 내 가슴의 기슭을 치는 것을 느꼈습니다. 그 순간 나는 얼굴이 화끈 달아오름을 의식했고, 그에 더 당황해서 눈 둘 바를 몰라 쩔쩔매게 되었습니다. 그래서 자신에 대한 반발로서, 오히려 그 여자에게 더욱 강한 모습을 보여 주려고 싸늘하게 그 여자를 쏘아보면서 마음 속으로, 뭐, 내가 너 같은 여자에게 꼼짝없이 반해서 그런 줄 아니? 흐응, 어림없는 말씀…하고 항변해 보았으나 어느덧 나의 시선은 수줍음을 느끼며 그 여자의 얼굴에 부딪쳐 맥없이 아래로 굴러 떨어져서 그 여자의 손목에 차고 있던 은빛의 작은 시계에 닿았습니다. 그래서 나는 마치도 내 시선의 목적이 시간을 알고

자 함이었다는 듯이 그 여자의 시계와 나의 시계를 번갈아 보고는, 고개를 갸웃해 보였습니다.

마침내 우리가 탄 버스가 E대 입구에 정차하였습니다. 그 여자는 내 앞에 서 있던 여학생에게 자신의 무릎에 놓았던 가방을 건네주었습니다. 아… 그 때, 바로 그 때 말입니다. 내가 그 여자의 무릎 위에 놓여있던 몇 권의 노트와 책 중에서 제일 위에 있던 초록색 커버의 작은 책을 본 것은… 알베르 카뮈 『결혼』.

나는 그 순간, 전혀 예기치 못했던 사람에게서 너무 값진 크리스마스 선물을 받았을 때처럼 팽팽한 긴장감과 동시에, 아득한 내 의식의 지평 위, 두꺼운 구름을 뚫고 내리쏘는 눈부신 태양을 본 것 같은 현기증을 느꼈습니다. 그리고는 충격처럼, 내 감정의 밑바닥으로 놀라움과 이상한 두려움, 동경, 안타까움, 까닭 없는 환희와 고통, 희망과 절망, 혹은 신묘한 어둠과 빛이 뒤엉켜 조수처럼 밀고 들어왔습니다.

그 여자는 책과 노트를 집어들고 당당하게 자리에서 일어났습니다. 실제로는 그렇지 않았겠지만, 내가 느끼기에는 당당하게, 마치 무슨 게임에서 이긴 중학생처럼 득의만만한 표정으로 나에게 일별을 보내는 듯 했습니다. 나는, 당황해서 얼떨결에 그 여자의 시선을 피하여 차창 밖에 때마침 요란한 사이렌을 울리며 지나가는 경찰 백차를 바라보면서 얼굴을 찡그려 보았습니다. 그리고는 방금 그 여자가 일어선 자리에 무너지듯 털썩 주저앉았습니다. 그 때 그 여자의 짧은 시선 속에서 내가 느꼈던 감정을 아마도 나는 내가 알고 있는 어떤 어휘로도 표현하지 못할 것입니다. 그것은 충격적인 놀라움과 동시에 묘한 친근감이었고, 그리고 그것은 몇 억만년 전에 그 여자가 바로 그런 똑같은 눈빛으로 나를 바라보았던 듯한 이상한 느낌을 주었습니다. 어쩌면 그런 시선은 또한 먼 과거라는 시간의 물살 속에서 튕겨져 나와, 현재라는 상황의 심장을 꿰뚫고는 아득한 미래의 지평 너머로 사라지는 듯한 것이기도 했습니다.

버스가 움직이기 시작했을 때, 나는 충동적으로 나의 가방을 열었습니다. 거기에는 물론, 분명히, 엇저녁, 청계천변의 어느 헌책방에서 단돈 이십 원에 산 문고판, 바로 이 책이 들어 있었습니다. 나는 이 책을 가방 위에 올려놓고 그 제목을 나지막하게 발음해 보았습니다. 알베르 카뮈, 결혼… 결혼, 알베르 카뮈… 그 때 나는 확실히, 뚜렷한, 어떤 영상을 보았습니다. 그 여자의 얼굴, 눈, 클로즈업되어 오는 눈 속의 푸른 바다, 빛나는 햇살, 그 때 바다의 창문이 스르르 열리고 한 여인이, 건강한 몸과 싱싱한 피부를 가진 아름다운 여인이 나타나서 손을 흔들고, 창문 이쪽에서 한 건장한 사나이가 창 안의 여인에게 손을 흔들고 있는 모습을, 나는 보았습니다…

자, 이제, 나의 얘기는 끝났습니다. 그런데 아가씨, 오늘 아침 나와 그 여자의 거부할 수 없던 시선의 부딪침은, 우연한 사건이 아니라, 카뮈라는 하나의 통로로 해서 일어난 필연적인 만남, 하나의, 영적인 결혼이었다고 한다면, 아가씨는 무어라고 하겠습니까?

(『서강타임스』, 1967)

4부 국화꽃과 소쩍새

국화꽃과 소쩍새

아스팔트 킨트

며칠 전 저녁 아홉시쯤 중앙공원엘 갔다가 나는 한 여자 애를 보았다. 열한 살쯤되어 보이는 그 소녀가 나의 관심을 끌게 된 것은 예쁘장한 얼굴과 잘 빗은 긴 머리와 인형처럼 곱게 단장한 옷차림 때문이 아니었다. 이제 겨우 초등학교 4학년쯤되어 보이는 어린 소녀가 친구도 없이 마치 카트린 드뇌브처럼 사뭇 고독한 표정으로 약간 머릴 숙이고 천천히 공원의 수은등 밑을 거닐 수 있기 때문이었다. 시험점수가 나빠서 엄마한테 꾸중을 들었거나 친구와 다투었기 때문에 속이 상해서 공원 안을 혼자 배회하고 있는 것쯤으로 봐 넘길 수는 있었지만, 나의 호기심은 그런 따위의 일상적인 추측 속에 그 애를 묻어버리기가 싫어서 슬금슬금 따라가며 그 애를 감시

(?)했다. 빈 벤치에 앉아서 턱을 괴어 보기도 하고 회양목 잎을 손으로 훑기도 하면서 마치 무슨 영화에 나오는 주인공 흉내라도 내는 것 같아 보였다.

열시쯤이 되어서야 그 애는 공원을 나왔고 동성로 방향으로 가다가 꽤 큰 양장점으로 들어갔는데 그 태도로 보아 아마 그 집 아이인 것 같았다.

어느 사회학자가 현대인을 아스팔트 킨트라고 불렀다던가? 아스팔트 위에서 태어나 살다가 아스팔트에서 죽어 가는 고향 없는 부유 식물 같은 현대인의 모습을 표현한 그 말을 나는 예의 그 소녀의 뒷모습을 보면서 새삼스레 실감했다.

핵가족 제도에다 바쁜 현대의 산업사회는 가족 간의 대화할 시간마저 앗아갔고 아이들은 빈방을 지키고 앉아 어른들을 위한 TV연속극이나 보면서 말 못하는 인형을 유일한 대화의 상대로 삼고 인형을 안고 잠을 잔다. 옛날 아이들은 할머니가 해 주시는 옛 이야기를 듣고 그 얘기 내용에 대해서 질문도 할 수 있었지만 요즘의 외로운 아이는 만화책을 읽거나 TV극을 보기만 할 뿐 질문할 상대가 없다. 일찍부터 단절감에 익숙해지며 고독을 배우고 쓸쓸하고 지친 어른들의 표정을 연습하면서 자라나고 있다. 컬러 TV를 보면서 냉장고의 아이스크림을 마음대로 먹을 수는 있어도 그 아이의 가슴에 쌓이는 외로움은 무엇으로 보상될 것인가?

(영남일보, 1979. 7. 12)

꿈의 상실

“여자가 하나씩 장식을 하는 것은 지닌 꿈을 하나씩 잃어가기 때문이다.”라고 표현한 어느 여류시인의 시구는 하나의 금언처럼 들린다. 꿈을 상실했으므로 드러나는 속살이 윤기가 없어 부끄럽기만 하다. 따라서 현란한 장식으로 속살을 가리고, 값비싼 화장품으로 피부를 페인팅한다. 속마음이 허전하므로 허세를 부리고 과장된 제스처를 하고 있지만 그러나 그들의 웃음은 공허한 메아리만 남길 뿐이다. 그 시인의 말처럼 청정한 소녀들이 화장하지 않아도 싱싱하고 아름답게 보이는 이유는 아직 순수한 꿈을 풍부하게 지니고 있기 때문이다.

현대인에게는 꿈보다 코 앞의 현실이 모든 가치의 기준이요 따라서 재빠른 계산과 이해득실의 판단과 투자에 대한 즉각적인 이익이 가장 큰 관심사이다. 중앙통이나 동성로에 나서 보라. 토요일 오후가 아니더라도 수많은 신데렐라와 제비같이 날씬한 신사들의 치장들. 몇 십만 원이나 호가하는 빛나는 핸드백이며 번쩍이는 구두의 자랑스러움을 한 번쯤 눈 여겨 보라. 세단에서 내려서는 공작새 같은 우아한 부인네들의 차림새와 어둠이 내리는 저녁 ××閣이나 ××亭을 찾아드는 살찐 중년들의 자랑스러운 뒷모습을 한두 번쯤 관찰해 보자. 그들의 당당한 어깨에서 그러나 형언키 어려운 불안과 고독이 매처럼 웅크리고 있음을 발견할 것이다.

소년 소녀 시절의 귀중한 꿈들을 헌 휴지 조각처럼 살라버린 대가로 획득한 현실의 보상으로서 값비싼 의상과 주머니 속의 지폐의 감촉은 피부감각을 적당히 위로해 주고 있으나 이윽고 귀가하는 발걸음은 일상의 노예가 되어있는 자신의 가슴을 무겁게 밟고 지나감을 느낄 것이다. 그러므로 다시 소년 시절의 그 잃었던 꿈, 한 포기의 장미를 심을 일이다. 피부의 바깥에 빛나는 의상 때문에 생기는 내부의 그늘을 몰아내기 위하여, 쓸쓸하고 메마른 가슴에 다시 꽃씨를 뿌리고 정성스럽게 물을 주어서 삶의 내부를 밝혀줄 한 두 송이 꽃을 피울 일이다. 겉을 꾸미는 장식 대신 마음속의 공허를 채우기 위해….

(영남일보, 1979. 7. 20)

애정 결핍

나의 모교에 계신 김 신부님은 10여 년 전 내가 학생 때 보았던 낡은 가죽가방을 아직도 갖고 다니신다. 얼마나 오래 됐느냐고 여쭈었더니 해방되기 30년 전에 사신 거라고 하셨다. 그러니까 37년을 사용하신 셈이다. 요즘 얼마든지 더 좋은 가방이 있는데 왜 새로 하나 구입하시잖느냐니까 그 가방이 정이 들어서 더 좋은 가방이 없다고 대답하셨다. 뿐만 아니라 신고 계신 구두도 10년 전에 맞춘 것으로 물론 밑창은 몇 번 갈았지만 아직도 수 삼 년은 더 신을 것이라고 하셨다. 입고 계신 남방셔츠도 10년, 봄가을로 입으시는 점퍼는 6·25전쟁 직후에 사신 것으로 색은 바랬지만 아직도 갖고 계신다고 하셨다. 물론 무슨 절약을 위해서 그러시는 것은 아니지만 오래 사용하니까 사소한 물건 하나까지도 점점 애정이 깊어져서 마치 신체의 일부, 아니 정신의 일부처럼 된다는 것이었다. 쌩텍쥐베리가 쓴 어린왕자라는 소설을 보면 여우가 어린왕자에게 길들인다는 말을 설명해 주는 대목이 있다.

"나에게 너는 수십 만 명의 어린 소년 중의 하나에 불과해. 그래서 네가 필요치 않지. 그건 네 입장에서 보면 나도 수십만의 다른 여우 중의 하나니까 마찬가지야. 그렇지만 만일 네가 나를 길들인다면 우리는 서로를 필요하게 되는 거야. 나에게는 이 세상에서 네가 유일하게 되고 너에게도 내가 이 세상 모든 것 중에서 유일한 것이 될 거야."

유일한 것은 귀중한 것이다. 백화점 진열장에 수많은 값진 물건들보다도 지금 내가 갖고 있는 만년필 한 개가 나에게는 더 소중하다. 왜냐하면 그것은 내가 사용하여 나에게 길든 것이고 이 세상에 하나밖에 없는 것이니까.

요즘 사람들은 사물과 친해지려고 하지 않는다. 집안의 가구들도 너무 자주 바뀌고 아이들의 장난감도 한두 번 갖고 놀다가 미련 없이 버리며, 의복도 새로운 유행을 위해서 버려야한다. 물자절약에 반대되는 사치와 낭비가 무서운 것이 아니라 나에게 유일한 것이 되도록 아무것도 길들이지 못하는 애정의 실조, 사물과 친화하지 못하는 우리들의 정신의 결핍, 그것이 두려운 것이다.

(영남일보, 1979. 7. 27)

맑은 눈

"타조는 왜 키가 큰지 아세요?"

"글쎄, 모르겠는데…"

"눈이 높이 붙어서 그래요."

"그럴 법하군, 왜 눈이 높이 붙어있을까?"

"그야 멀리 보기 위해서죠."

"재미있는 얘기이군."

"타조의 눈을 자세히 본 적이 있으세요?"

"보긴 봤어도 자세히는 못 봤어."

"동물원에 가시면 한번 자세히 보세요."

"왜? 색다른 점이라도 있나?"

"아주 맑고 깨끗해요. 슬플 정도로"

"눈에 산·스타라도 넣었나?"

"아이 참, 사실이에요."

"그렇겠군, 멀리 볼 수 있기 위해서라면 눈이 맑아야 되겠지."

"그런가봐요. 사람들도 마찬가지 같아요. 멀리 보는 사람은 눈이 맑은 것 같아요."

"그렇다면 아기들은 눈이 맑으니까 멀리 보겠네."

"그렇죠, 아기들은 코앞의 현실을 보는 게 아니라 항상 꿈을 보고 있으니까 맑을 수밖에요."

"그렇담, 어른들은 코앞의 것만 봐서 눈이 맑지 못하다는 얘긴가?"

"대개 그런 것 같아요."

"그럼, 천문학자들의 눈이 가장 맑고 깨끗하겠군."

"글쎄, 그럴 것 같아요. 멀리 있는 별나라 일들을 바라보니까요."

"그럼, 나처럼 매일 사전이나 뒤적이는 사람은 맑은 눈을 갖기는 틀렸겠군."

"아이 참, 이런 얘긴 다 비유예요. 책을 통해서 더 먼 세계를 바라볼 수 있잖아요?"

"위로하는 것인가? 좀 어려운 얘기 같은데…?"

"저는 예수님을 한 번도 본 일은 없지만 그 분의 눈은 정말 맑고 깨끗했을 거라고 믿어요. 왜냐하면 영원을 보고 계셨으니까요."

요즘 오르는 것은 수은주와 물가뿐인데 더위 속에서 코앞의 일들만 생각하는 자신이 좀 서글픈 것 같아 이런 대화를 상상해 봤다. 좀 더 멀리 보자고.

(영남일보, 1979. 8. 3)

두 가지 경우

〈가〉 울산 세 아이의 경우

〔문〕 어떻게 산에 들어갔나?

〔답〕 가재를 잡느라고 돌멩이를 들추며 계곡을 따라 올라간 것이 너무 깊이 들어가게 되었다.

〔문〕 왜 곧 돌아오지 못했나?

〔답〕 신발과 혁대를 잃어버려 엄마에게 야단맞을까 겁이나 이를 찾느라고 이틀 동안 산에서 헤매다 길을 잃었다.

〈나〉 여의도 아이들의 경우

…그들은 집에 차가 있느냐는 물음에 한결같이 입을 모아 「예」하고 대답했다.

「우리 집엔 그라나다가 있어요」「우리 집엔 레코드」, 「우리 집엔 크라운」 한 아이가 대답을 않고 있자 그들 중의 하나가 「쟤네 차가 제일 고물이래요, 부리사래요」라고 대신 대답을 했다.

〈가〉의 글은 6일자 영남일보 7면 기사에서 옮겨온 것이고 〈나〉의 글은 월간지 「뿌리깊은 나무」가 지난 4월에 펴낸 『우리아이의 장래』라는 책자에 실린 「여의도의 잘 사는 아이들」이라는 글의 일부이다.

이 두 가지 경우에서 우리는 우리사회의 어린이들의 매우 대조적인 명암을 본다. 아버지는 직장 구하러 마산 가시고 어머니는 해초 따러 바다에 나갔기 때문에 아침밥도 못 먹은 6살짜리 꼬마가 다른 두 꼬마와 가재 잡으러 갔다가 길을 잃고 산딸기와 물만 마시고 산 속에서 실종됐다가 28일만에 기적적으로 구조되었다는 이야기와, 이삼백 원짜리 노리개보다는 만원을 웃도는 전자 로보트나 전자 자동차를 갖고 놀며 대여섯 살짜리 아이들이 물건을 살 때도 만 원짜리나 오천 원짜리를 드물지 않게 내는 여의도의 풍경얘기와의 거리감을 우리는 어떻게 표현할 것인가?

그런데 여기서 한 가지 짚고 넘어가고 싶은 것은(아마 필자가 너무 과문한 탓이었겠지만) 울산의 세 어린이들의 실종사건이 28일 동안이나 거의 잠잠했다가 구조된 다음에야 떠들썩했다는 사실이다. 만일(절대로 그럴 리야 없겠지만) 여의도의 세 어린이가 실종되었었다면 28일 동안 매스컴에서 과연 잠잠할 수 있었을까?

어린이에 대한 사회의 관심도가 그들의 빈부에 따라 차이가 난다면 어딘가 잘못된 것이 아닐까?

(영남일보, 1979. 8. 10)

물자 절약

비너스상은 냉장고 보다 고상하다. 그러나 실생활에서는 냉장고가 비너스 상 보다 더 실용적이다. 비너스는 우리에게 인간적 품위를 주고 냉장고는 생활의 편의를 제공하므로 둘 다 중요하지만 같은 차원에 놓고 그 중요도를 비교할 수는 없다.

요즘은 물자절약이란 말 자체가 그대로 하나의 무상명령이요, 이 어려운 시기를 극복할 수 있는 실천 윤리가 되고 있다. 그런데 좀 더 생각해 보면 물자절약이란 말 자체가 이미 물자에 대한 지극한 애착이기 때문에 물자절약만 가지고는 앞으로 계속 닥쳐올 자원 고갈, 인구 증가, 공해 문제 등의 어려움을 해결하지는 못할 것이다. 예컨대 '알렉산더'왕의 사고방식으로는 디오게네스의 행복을 얻을 수 없다는 것이다.

우리가 절약할 수 있는 것은 비너스가 아니라 냉장고이다. 그러나 냉장고(물질)에 대한 애착은 점점 커지고 있는데 과연 냉장고의 절약이 가능한 일일까? 냉장고에 대한 절약을 위해서는 냉장고에 대한 애착을 비너스(정신)에 대한 것으로 돌려야 한다고 생각된다.

우리들은 너무 똑똑해서 현실적인 실용성만(냉장고) 추구해 왔고 비실용적인 고상함(비너스)을 경시해 왔는데 바로 여기에 우리 시대의 병폐가 있는 듯하다.

문학이 석유보다 고상하다고 했을 때 우리의 실생활에서는 석유가 셰익스피어보다 훨씬 요긴한 것이긴 하지만 그러나 우리에게 인간다운 품위를 주는 것은 석유를 이용하는 테크놀로지가 아니라 한 조각의 빵도 나오지 않는 셰익스피어를 읽으며 울고 웃을 수 있는 우리의 정신 자세인 것이다.

그런 의미에서 물자절약이란 물질 가치에 대한 우리들의 애착을 정신 가치에 대한 그것으로 바꾸어야 그 목적(이 시대의 어려움을 극복한다는)을 이룰 수 있으리라 여겨진다. 사람은 빵으로만 사는 게 아니라는 성현의 말씀을 흉내내는 것은 아니지만, 냉장고에 가득 채우는 기쁨에 매여서 비너스를 바라보는 기쁨을 도외시한다면 진정한 뜻에서 물자절약은 사상누각과 같은 미망일 것이다.

(영남일보, 1979. 8. 17)

연(鳶)의 추락

요즘 신문이나 TV뉴스는 답답하고 우울하게 해 주는 일들 투성이다. 정치, 경제, 사회 등의 여러 분야에서 긴장과 경색된 대립과 비방이 넘치고 있다. YH사건은 그 중의 한 가지 경우일 뿐이다.

우울하고 답답할 때는 훨훨 하늘로 날고 싶다. 그러나 날개가 없으니 날고 싶다는 것은 한낱 꿈이다. 그러한 꿈의 한 가지 표상으로서 제철도 아닌데 나는 지금 불현듯 어린 시절의 연 날리던 기억이 떠오르는 모양이다.

어렸을 때 연날리기는 매우 신나고 매력적인 놀이의 하나였다. 푸른 하늘로 까마득히 떠올라 꼬리를 흔드는 연의 표정은 그대로가 즐거움이었고 얼레에서 풀려나가는 실 소리가 주는 해방감이나 실을 감을 때의 연줄의 팽팽한 감촉은 밀린 숙제나 시험 따위의 시시한 걱정을 말끔히 씻어주곤 했다.

연을 꿈의 표상이라 했을 때 꿈은 보다 높이, 보다 자유롭게 상승하려는 인간의 보편적인 희구이다. 연(꿈)을 보다 높이 올리려면 연줄을 많이 풀어주어야 한다. 이때의 연줄은 꿈이라는 연을 가능케 해 주는 현실이다. 얼레에 감겨있는 연줄은 무한히 긴 것이 아니라 제한되어있다. 까마득히 연이 올라갈 때쯤 대개 연줄은 끝난다. 연은 더욱 상승하려 하지만 연줄은 더 풀어줄 수가 없다. 이럴 경우에 무한한 연의 상승을 방해하는 것은 유한한 연줄의 제한이다. 그렇다고 연줄을 놓아버리면 그 순간부터 연은 힘없이 떨어진다.

즉 꿈(연)이란 현실(연줄)을 잡고 있을 때 가능한 것이며 현실을 포기하거나 무리하게 욕심낸다면 꿈도 무너진다는 알레고리를 지금 얘기해 본 것이다. 현실은 제한돼 있고 꿈은 무한하지만 무한한 꿈을 가능케 해 주는 것은 현실을 긍정하고 무리하지 않을 때이다.

꿈은 아름답지만 현실은 냉정하다. 무리한 꿈을 위한 과도한 현실의 욕심이 기업경영상에 나타날 때 기업은 도산되고 보다 소박하고 청정한 꿈을 키우던 근로자들의 슬픔과 눈물이 우리들의 마음을 답답하고 우울하게 얼룩지게 하는 것이다. 연(꿈)의 추락은 연줄(현실)을 잡고 있는 우리 모두의 책임이다.

(영남일보, 1979. 8. 24)

신부 구비 조건

독일에서는 여자에게 요구하는 3K라는 세 가지 조건이 있다는데 그것은 Kuchen(요리), Kinder(어린애), Kirche(교회)라고 한다. 여자라면 가정을 지키고 가족들의 건강을 위해서 우선적으로 부엌일을 잘 할 수 있어야 하며, 어린애를 낳아 훌륭하게 양육시켜야 하고, 사회적인 활동이란 고작 교회에나 잘 다니면 된다는 얘기인데 우먼파워가 전 세계를 휩쓰는 요즘 이른바 여성들에게 3K를 요구한다면 시대착오라고 공격을 당할 것이다.

학문의 전통이 긴 나라이니까 학자의 조건에 대해서도 3G라는 조건을 요구하는데, 그것은 첫째 천재(Genie), 둘째 돈(Geld), 셋째 건강(Gesundheit)으로서 학문을 하려면 타고난 두뇌와 연구에 몰두할 수 있을만한 재력과 건강이 갖추어져 있어야 한다는 주장으로서 꽤 타당성이 있는 듯하다. 그리고 매우 합리적이고 현실적인 그들이 내세우는 훌륭한 신부감으로서 갖추어야 할 조건으로 3-heiten이 있다고 한다. 그것은 첫째 아름다움(Schönheit)이요 둘째 순결함(Reinheit)이며 셋째 건강함(Gesundheit)이라는 명사형 어미인 —heit를 묶은 것들이다.

이때 아름다움이란 인공적인 화장을 통해서 꾸며진 것이 아니라 내면에서부터 풍겨 나오는 고상함일 것이고, 순결함이란 깨끗한 생활과 거짓 없는 자기를 키워주는 도덕적 덕성일 것이며, 건강함이란 현실생활의 여러 가지 어려움을 극복해 갈 수 있는 건전한 정신과 건강한 신체를 의미함일 것이다.

이에 반해서 요즘 우리의 사회에서 내세우는 소위 좋은 신부감으로서의 조건들을 보면 대개가 가문 학벌 재력 배경 등을 상당히 중요하게 여기는 듯하다. 이들을 비교해보면 저네들(독일)이 요구하는 것은 신부 당사자에만 국한된 것임에 반해서 우리네가 요구하는 것들은 대개가 신부 당사자가 아니라 그녀의 부모에 대한 조건인 것 같다.

결혼생활이 그 당사자들의 사랑과 협력으로 이룩해 가는 공동생활이라 할 때 저네들이 말하는 신부의 3-heiten보다도 우리네가 요구하는 가문이나 학벌 재력이나 배경 등이 과연 그렇게도 중요한 조건일 수 있을까 하는 의심이 든다.

(영남일보, 1979. 8. 31)

보이지 않는 것

대구에서는 서울의 가장 높은 건물도 보이지 않는다. 아무리 눈이 좋아도 우리는 십리 밖에서 걸어가는 사람을 볼 수 없다. 뿐만 아니라 바로 옆방에 있는 친구의 얼굴도 볼 수 없으며 자기의 뒤통수에 나오는 흰 머리칼도 보지 못한다. 너무 멀리에 있는 사물도 볼 수 없지만 반대로 지나치게 가까운 것도 볼 수 없다. 너무 작은 것도 보이지 않고 지구 덩어리처럼 너무나 큰 것도 보이지 않는다. 너무 어두운 곳에서 우리의 시력이 쓸모없어지는 것과 마찬가지로 너무나 밝은 곳에서도 눈은 제 기능을 발휘하지 못한다.

또한 '빨주노초파남보'라는 빛의 일정한 파장을 넘거나 모자라면 사물은 보이지 않는다. 일정한 사물인 경우에도 바라보는 사람의 감정이나 주위 상황에 따라서 그것은 다르게 보이기도 한다. 배고픈 사람에게는 보리밥에 된장국이 맛있게 보이지만, 배부른 이에게는 진수성찬도 구역질을 나게 할 수가 있다.

처음 보았을 때는 매우 미인이라고 보이던 여자가 상스런 욕을 내뱉는 장면을 보이면 추하고 천박한 얼굴로 돌변해 보이는 수가 종종 있고, 반대로 평범한 얼굴도 그 사람의 행동이 아름다우면 차츰차츰 미인으로 변해 보임을 우리는 경험한다.

옷 입음새에 따라서 상대의 키가 크거나 혹은 뚱뚱하게도 보이며, 연애할 때는 가을 하늘이 매우 아름답게 보이다가 실연의 슬픔에 잠겨서 바라보면 그것은 오히려 쓸쓸하기 그지없는 절망의 호수처럼 보인다.

그렇다면 우리의 눈이 볼 수 있는 것은 매우 제한된 범위를 벗어나지 못하는 하찮은 것들이며, 때로는 우리의 눈이 우리를 착각의 숲 속으로 몰아가 잘못된 판단을 하게도 한다. 차라리 밀턴은 시력을 상실했기에 『실낙원』이라는 불후의 명작을 완성할 수 있었으며,

『달과 6펜스』의 스트릭랜드도 말년에 장님이 되어서야 오히려 진정한 빛깔의 세계를 발견했던 게 아니었던가?

“중요한 것은 눈에 보이지 않는다.”라고 생떽쥐베리는 『어린왕자』를 통하여 말하고 있다. “사막이 아름다운 것은 어디엔가 샘물을 숨겨 갖고 있기 때문이다.”는 그의 얘기는 참말로 금언이다.

우리는 지나치게 눈에 드러나 보이는 것에만 현혹되고, 보이지 않는 소중한 것들은 오히려 놓쳐버리는 일에 익숙해져 있다. 예컨대 진실한 사랑, 영원한 생명, 아름다운 우정, 희망과 이상 등의 고귀한 가치들은 우리의 육신의 눈을 감고 깊이 숨겨져 있는 마음의 눈을, 그것도 고독한 시간에 열 때에 비로소 보인다. 이 가을, 저 높고 티 없이 맑은 하늘같은 깨끗한 마음을 가질 때 말이다.

(매일신문, 1982. 9. 4)

꽃처럼, 새처럼, 별처럼

며칠 전 나는 발신자가 「꽃처럼, 새처럼, 별처럼 반의 제자」라고만 쓰인 한 통의 편지를 받고 갑자기 십 년 가까운 세월 저 편에서 아른거리는 지난 일들이 그리워져 잠시 소년처럼 센티멘털한 기분에 젖었었던 일이 있다. 그 연약하고 감상적인 말마디는 내가 처음 여고에 부임하여 학급 담임이 되었을 때 만든 우리 반의 급훈이었다.

그 때 나는 교사로서는 병아리인데다가 총각이었으므로 모범 어린이로 뽑힌 국민학생처럼 늘 긴장했고, 내 딴에는 대단한 교육자적인 사명감에 젖어 있을 무렵이었다. 따라서 급훈 하나 정하는 데도 상당히 고민하고 선배 교사들에게 묻기도 했는데 그들은 대개 그까짓 것을 신경 쓰는 내가 딱하다면서 '정숙'이니 '성실' 따위의 무겁고 점잖은 '샘플'을 제시하기도 했다. 그때 나는 나 자신의 학창 시절을 돌아보고 어쩌면 국민학교에서 고등학교 때까지 교실에서 매일 대했던 급훈들이 어느 하나도 구체적으로 기억나지 않는다는 놀라운 사실에 당황했다. 교실 정면 태극기를 중심으로 교훈과 나란히 걸려서 우리를 엄숙하게 내려다보고 있던 그 급훈들은 대개 '성실, 정숙, 긍지, 명랑, 근면, 노력, 인내' 따위의 딱딱하고 정답지 않으며 너무 점잖은 어른들처럼 은근히 우리를 겁주는 개념어들이었다. 그러므로 적어도 내가 정할 급훈은 학생들을 협박하거나 겁주지 않고 오래 기억될 수 있는 정다운 것이어야 한다고 생각했다. 그리하여 첫째 소녀들이란 꽃처럼 예쁘고 아름다워야 하고, 둘째 새처럼 즐겁고 자유로워야 하며, 셋째 별처럼 때 묻지 않고 순결해야 한다는 당시 나의 바람직한 여고생 상을 담아본 것이 바로 「꽃처럼, 새처럼, 별처럼」이었다.

그때부터 거의 십 년이 지난 요즘 자신을 돌아보면 당시 선배 동료들이 그랬던 것처럼 함부로 '성실, 정직, 겸손'하고 아무렇게나 '노력, 인내, 명랑'하여 이제는 별로 감동할 줄도 모르고 흥분할 일도 없는 듯한 적당한 뻔뻔스러움에 꽤나 길들여진 느낌이 든다. 결국 우리들의 생활현장에는 마치 우리들에게 아무런 감동이나 깊은 인상도 남겨주지 못했던 지난 학창시절의 급훈들처럼 너무나도 지당하고 옳은 말씀들이 값싸게 함부로 나돌고 있기 때문에 오히려 그것들에 대하여 둔감증에 걸려버리는 게 아닐까?

"선생님, 그때 배운 것은 다 잊어버렸지만 「꽃처럼, 새처럼, 별처럼」이란 우리 반의 급훈은 잊지 않고 있어요."

라고 쓴 편지의 내용을 보면, 참으로 우리에게 감동을 주어 기억속에 오래 남아서 삶을 변화시키는 것은 크고 심오한 지적(知的) 관념들이 아니라 정적(情的)으로 울림을 주는 작고 구체적인 느낌들이 아닌가 하는 생각이 든다.

(매일신문, 1982. 9. 11)

내가 죽인 새새끼

지난 5월 중순경 동료 K교수가 학교 뒷산 숲속에서 산새 집을 하나 발견하여 나에게 알려 준 적이 있었다. 그것은 오래된 무덤의 경사진 풀섶에 숨겨져 있었는데, 아기 밥그릇 만한 보금자리 속에는 새끼손가락의 끝마디 크기의 동그랗고 예쁜 새알이 여섯 개 들어 있었다. 그때 그 작고 빛나는 새알들은 나에게 이상스러운 감동을 주었기 때문에 나는 자주 그곳엘 가보고 싶었지만, 새는 자기 집을 사람에게 들킨 것을 알면 위험을 느끼고 그곳을 떠나버리는 수가 있다는 K교수의 말을 듣고 자주 가지는 않았다. 그러나 가끔 나는 아무도 모르게 도둑고양이처럼 조심스럽게 숲 속 새집에 접근하여 새알을 한두 번씩 만져보고는 언제쯤 새새끼가 나올까를 생각하면서 재빨리 그곳을 떠나곤 했다. 그러다가 한번은 내가 엿보는 현장을 어미새에게 들킨 일이 있었다.

그때 나는 얼른 딴청을 부리면서 못 본 체하고 돌아왔지만, 불과 열 걸음 정도의 거리에 있는 나뭇가지에 앉아 나를 쏘아보던 새의 시선이 몹시 마음에 걸렸다. 그 후 꽤 오랫동안 찾아가지 않다가 7월 초쯤 이제는 새새끼가 되어 파닥이는 모습을 상상하면서 K교수와 함께 그곳엘 갔다가 우리는 너무 충격적인 장면 때문에 얼마동안 아무 말도 하지 못했다. 새알은 네 개뿐이었고 그중 한 개가 깨져 있었는데 거기에는 개미떼가 까맣게 붙어 있었다.

그 충격적인 장면은 6.25전쟁 때 여섯 살짜리였던 내가 피난지에서 경험했던 것과 너무나 흡사했다. 그때 나는 우리가 살던 집 뒤쪽 언덕에 키 작은 소나무 밑에 있던 산새 집을 알게 되었고 친구가 없었으므로 매일 새집에 찾아가 벌거숭이 새새끼를 쓰다듬고 메뚜기를 잡아다 먹여주곤 했다. 그러던 중, 일주일쯤 다른 마을에 머물다가 돌아와 보니 새새끼는 죽어있고 그 시체에 개미떼가 까맣게 붙어 있었다.

나중에 커서 생각해 보니까 아마 내가 만져서 손때가 묻어 병에 걸려 죽었거나 사람 냄새 때문에 어미 새가 도망가서 굶어죽어 개미에게 뜯어 먹히고 있었던 듯 싶다.

어쨌든 나는 속마음과는 반대로 두 번이나 새새끼를 살해한 셈이 되었다. 사실은 내가 그들을 사랑했지만 사람인 나의 사랑은 새들에게는 불가능한 것이었고 오히려 그들을 살해한 결과가 되었다. 나는 결과적으로 내가 죽인 새새끼를 통하여 새는 새 나름대로의 방식으로 살아야지 우리 인간의 방식으로 사랑하고 보호해서는 안 된다는 유치라고도 당연한 사실을 깨달았다.

그리고 그 사실은 새새끼 뿐만이 아니라 우리의 어린애들과 모든 자연에게도 적용돼야 한다는 생각이 들었다.

나는 오늘 내가 전에 함부로 엿보고 건방지게 보호하고 내 방식대로 사랑했던 죽은 새알들과 새새끼들 그리고 그들의 슬픈 어미 새들에게 이 지면을 통하여 용서를 빈다.

(매일신문, 82. 9. 18)

미인이 되는 법

우리는 누구나 미인이 되고 싶어 한다. 그러므로 자신의 미에 대하여 지대한 관심을 갖고 아침마다 거울 앞에서 머리와 옷매무새를 매만진다. 피부의 윤기를 잃지 않기 위해서 크림을 바르고 보다 더 매력적으로 보이기 위하여 미장원을 출입하며 여러 가지 장신구를 달고 다닌다. 대부분의 여성잡지에 실린 화보들은 「미인이 되는 법」에 대한 기발한 주장들로 채워지고 있다.

우리는 미인이 되는 첫째 조건으로 대개 건강을 드는데 동의한다. 단백질 탄수화물 지방 미네랄 따위의 영양소에 관심이 크며 피부에는 비타민 C가 좋다는 얘기쯤은 평범한 상식이고 '에어로빅'이라는 미용체조는 요즘 인기가 그 절정에 있다.

그러나 조금만 더 생각해 보면 우리는 자신의 아름다움을 위한 매우 중요한 영양소를 잊고 있음을 알게 된다. 예컨대 싱싱한 피부나 윤기 흐르는 머리칼의 미는 지금부터 30년쯤 훗날 자신의 모습을 상상해 볼 때 아름다움의 근본 요소는 아님이 쉽게 짐작된다. 아무리 팔등신의 미인이라 해도 그 정신이 아름답지 못하다면 길거리 쇼윈도 속의 마네킹과 별다른 차이가 없다.

결국 사람의 아름다움은 마네킹의 그것과는 다른 차원에 있는 것으로서 그 사람의 정신, 곧 마음씨에서 우러나오는 향기일 것이다. 값비싼 화장품을 바르고 최신 유행의 핸드백에 유명한 디자이

너가 만든 의상을 걸친 것으로 잠깐 우리의 눈을 끌 수 있을지 몰라도, 그 사람의 정신이 바르고 아름답지 못하다면 우리는 곧 실망한다.

육체의 건강과 미를 위해서 영양가 높은 음식을 먹고 미용체조를 하는 것처럼, 보이지 않는 정신의 건강과 아름다움을 위해서도 좋은 약식을 섭취해야 함은 당연한 이치이다. 이때 정신의 양식도 물론 육체의 그것만큼이나 다양하다. 예를 들면 좋은 친구와의 사귐이나 인격 높은 사람과의 대화, 여행이나 신앙생활을 통한 자기수양 등 이루 그 종류를 헤아릴 수는 없을 것이다. 그러나 이렇게 바쁜 시대에 가장 손쉽고 풍성하게 정신의 양식을 구하는 방법은 독서라고 생각된다.

나의 경험으로는 독서를 많이 하는 사람은 보면 볼수록, 그리고 사귀면 사귈수록 미인들이었다. 그럼에도 불구하고 우리는 사실 얼굴의 아름다움을 치장하기 위하여는 하루에도 수십 번씩 거울을 보고 화장품에 비싼 돈을 지불하면서도 정신의 아름다움을 위해서는 단돈 몇 백 원의 책값에도 인색할 때가 많다.

해마다 가을이면 연례행사처럼 독서의 계절이라고 떠들썩하지만 소문난 잔치에는 먹을 게 없는 법이니, 이번 가을엔 집사람도 모르게 서너 권쯤 영양가 높은 책을 사서 읽어야겠다. 나도 정말 미인이 되어 남에게 잘 보이고 싶으니 말이다.

(매일신문, 1982. 9. 25)

시계와 반지

나는 왼쪽 손목에 「라도」시계를 차고 다닌다. 바쁘게 도시에서 살고 있기 때문에 그 시계는 내게 너무나 요긴한 물건이다. 몇 년 전 약 십만원쯤 주고 산 것인데 아직도 시간은 정확하게 맞아 무슨 약속이나 직장일 등에 실수 없도록 나를 지켜준다.

나는 또한 왼쪽 무명지에 반지를 끼고 있다. 그것은 아내가 옛날 약혼 기념으로 끼워준 것인데 아무리 생각해도 별로 쓸모없는 물건이다. '18-K'의 반 돈짜리 금반지여서 값으로 따져도 시계의 십분의 일 정도에 해당하는 물건이다. 처음 그것을 끼웠을 때는 자꾸만 신경이 쓰이고 세수할 때면 비누가 반지에 긁혀서 불편했다.

나는 요즘 어림잡아서 하루에 시계는 스무 번 이상이나 보면서 시간을 확인하지만 반지는 손가락에 끼고 있다는 사실조차 잊어버리고 지낸다. 요컨대 시계는 나의 생활에 없어서는 안 될 물건이지만 반지는 그와 반대로 아무짝에도 쓸데가 없는 물건이다.

그런데 만일 어느 날 밤 으슥한 뒷골목에서 강도가 나타나서 칼을 내 목에 대고 시계나 반지 둘 중의 하나를 내놓으라고 협박한다면 아마도 나는 2초도 지체하지 않고 아주 재빨리 시계를 풀어 줄 것이다. 어느 모로 보든지 내게는 시계가 반지보다 요긴하고 값으로 쳐도 더 비싼 물건인데도 말이다.

왜 그럴까?

두말할 나위 없이 반지는 시계와는 다른 차원에서 시계보다 더 소중하기 때문이다. 달리 말해서 반지의 가치는 그 실용성에 기준을 두고 얘기할 수 없고 오히려 비실용적인 면에 있다고 봐야한다.

시계는 잃어버리면 다시 구입할 수 있고 고장 나면 미련 없이 버릴 수 있지만, 반지는 잃은 후 다시 살 수 있는 물건과는 다르다. 비록 18K의 반 돈짜리에 불과하지만 나의 반지에는 아내와 나의 어떤 정신적 의미가 깃들어 있는 것이기에 그것은 보석상에서 얼마든지 구입할 수 있는 수많은 반지 중의 하나가 아니라 이 세상에 단 하나 밖에 없는 고유한 물건인 것이다.

따져보면 시계는 우리에게 시간을 알려주는 〈도구〉로서 수단가치를 지니지만 반지는 무엇을 위한 도구가 아니라 그 자체가 목적이다. 그러므로 이 두 가지는 같은 차원에서 함부로 비교될 수 있는 것이 아니다.

그런데 요즘 우리 사회는 너무나 약삭빠르고 똑똑하고 현실적이어서 수단가치가 목적가치를 얼마든지 압도하고 있다. 예컨대 수단인 돈이 목적인 삶을 능가하고 어떤 규칙이나 법규(수잔)는 생활(목적)을 목 조르며, 입시제도(수단)가 교육(목적)을 망가뜨리기도 한다.

현대가 능률과 실질의 '심벌'인 시계를 중요하게 여기는 고도의 산업사회이기에 우리는 오히려 꿈과 정신을 담은 반지를 소중하게 여길 줄 알아야 하지 않을까? 그것이 바로 우리 사회의 품위를 지키고 비인간화로 치닫는 이 시대의 인간성을 회복시키는 힘이 아닐까?

(매일신문, 1982. 10. 11)

K신부와 B교수

K신부는 대학시절 나의 은사로 지금도 모교에서 철학을 강의하시는 백발의 노 교수이고, B교수는 이 곳 대구의 모 대학에서 역시 철학을 가르치고 계신 세계적인 학자로 알려진 분이다.

지난 겨울 어느 날 K신부님이 오셨다는 얘길 듣고 B교수댁을 찾아갔을 때 두 분은 난롯가에서 포도주를 들면서 대화를 즐기고 계셨다. 대화의 내용은 프랑스의 포도주에 관한 것이었는데 그 다양한 종류와 그것들의 독특한 맛과 향기에 대한 이야기는 훈훈하고 격조 높은 분위기를 빚어내고 있었다.

이틀 뒤 K신부님이 상경하신다기에 내 딴에는 새마을 차표를 준비해 드리려고 몇 시 차표가 좋을까 여쭈었더니 고속버스로 가시겠다며 시간에 구애받기 싫으니 표를 예매하지 말라고 하셨다. 그래서 고속버스 터미널까지 모셔드릴 생각으로 B교수댁을 다시 찾아갔다.

마침 신부님은 막 나서려는 참이었는데 현관에서 K신부의 장갑을 본 B교수는 다시 서재로 들어갔다가 가죽장갑 한 켤레를 들고 나와서 신부님께 드렸다.

"이건 작년에 선물로 받은 것인데 한두 번 밖에 사용하지 않은 새것이니 신부님 가지세요. 내 것은 또 있으니까요."

"아, 이게 왜 어때서 아직 괜찮아."

하면서 들어 보이는 신부님의 실장갑은 탈색되고 너무 오래되어 손가락 끝이 곧 나올 듯이 얇게 닳아진 것이었다. B교수는 한사코 받지 않으려는 K신부의 가방 속에 그것을 강제로(?) 집어넣었다. 한길로 나와 택시를 잡았을 때 B교수는

"신부님, 차표 끊으세요."하면서 얼른 돈을 K신부의 주머니에 넣어 드리려 했는데 그것을 받지 않으니까 택시의 문을 열고 억지로 쥐어 드리고 문을 닫았다. 그것은 오천 원짜리 한 장이었다.

나는 가슴이 뭉클했다. 그것은 오천 원짜리 지폐 한 장이었지만 그러나 그것은 액수로 말할 수 없는 어떤 것-나는 신부님 손에 쥐어드린 그 지폐에 묻어있는 B교수의 따뜻한 체온을 분명히 보았다. 그것은 오천 원이라는 돈이 아니라 함부로 이름할 수 없는 애정과 신뢰 혹은 훈훈하고 소박한 인정이라고 나는 생각했다.

사실 그런 장면은 우리 주변에 얼마든지 있다. 특히 가난하고 순박한 사람들일수록 그런 것쯤은 예삿일이다. 그럼에도 불구하고 왜 나는 예의 그 장면에서 가슴 뭉클한 감동을 받은 것일까? 그것은 돈 좀 있고 유식한 사람일수록 소박한 인정을 팽개쳐 버리는 우리

사회 풍조 탓이 아닐까? '프랑스제' 포도주의 섬세한 맛과 향기를 얘기하고, 동서양의 심오한 철학과 사상을 논하면서도 가난한 이웃들을 위하여 남몰래 기도하시는 분들이기에 그분들의 고상한 지성(知性)이 빚어낸 두 가지의 작은 삽화(장갑과 차비)는 나에게 충격적인 아름다움으로 남아 있는 듯하다.

(매일신문, 1982. 10. 4)

주여, 때가 왔습니다

가을이 깊어간다. 조용한 가을밤에는 사춘기의 소년이 아니라도 누구나 한두 번쯤은 이름할 수 없는 우수와 고독에 잠겨보기도 하고, 삶의 의미를 생각해 보며 먼지가 덮인 무거운 책을 슬그머니 만져 보기도 한다. 까맣게 잊고 있었던 사람들이 생각나기도 하고 불현듯 고향이 더욱 그리워지기도 한다.

가을은 또한 추수와 감사의 계절이기도 하다. 그러기에 그에 관련되는 온갖 문화행사들이 축제라는 이름으로 대개 가을에 열린다. 시민축제, 전국체전, 학교의 페스티벌, 연극제, 미술전, 음악회 등이 그것이다.

따져보면 축제의 제(祭)란 것은 인간성과 신성이 해후하는 방식이다. 유한한 인간이 무한한 신을 일상적으로는 만난 수 없기에 일상성을 넘어서는 형식이 제(祭)의 의미인 듯하다. 따라서 우리는 일상적으로 마시는 물 대신 술을 준비하고 밥 대신 떡을 먹으며 일상복을 벗고 예복을 입는다. 일상적인 말은 음악화하고 노동의 동작은 무용이 되며 차가운 이성의 칼은 접어두고 뜨거운 감성의 날개를 펼친다. 우리에게 신과 만나는 일보다 더 중요한 일은 없기에 모든 축제는 깊은 뜻을 지닌다.

그런데 요즘의 그것들을 보면 사회의 감각이 그래서겠지만 깊은 뜻보다는 물량적인 면에 치중되고 있는 듯하다.

걸핏하면 사상 최대 규모라고 하고 툭하면 동양최대라고 떠드는 게 그것이다. 정신은 사라지고 그 자리를 물량적인 〈매스〉로 채운다. 두 사람만의 가장 중요한 결혼식까지도 요즘에는 매스화(?)하는 경우가 있는 모양이다. 심지어는 신성과 인간성이 만나는 자리인 교회(사원)들도 대단한 기세로 건물의 크기와 신자의 숫자로 작은 교회를 얕보는 듯한 인상마저 풍기고 있다.

가만히 생각해 보면 우리 모두가 대형화 메커니즘에 협조하고 있는 듯하다. 예컨대 매일 읽는 신문의 중요한 지면을 차지하는 독립 기념관 성금을 낸 분들의 이름도 그 액수에 따라 그 활자의 크기가 구분되어 있어 큰 글자는 작은 글자를 압도하므로 우리도 모르는 새에 '큰 것=좋은 것'이라는 등식을 인정하는 듯한 일면이 그것이다.

성서는 가난한 자에게 복이 있다고 가르치고 있다. 어쩌면 축복이란 거대하게 위용을 자랑하고 서 있는 고층빌딩이나 사상최대의 것들 속에 있는 게 아니라 너무 작아서 눈에 거의 뜨이지 않는 이름 없는 풀씨 속에 꽉 들어찬 생명의 숨결, 그것을 말하는 게 아닐까?

가을은 우리들에게 가장 작고 가난한 것 속에 그러나 가장 소중한 신의 은총이 들어 있다는 시적(詩的)인 생각을 한번쯤은 가지게 하는 것 같다. 그러기에 릴케는 「가을날」의 첫구를 〈주여, 때가 왔습니다〉라고 시작하고 있는 듯하다.

왜냐하면 결국 지상에서는 누구나가 '집이 없는 자'일 수밖에 없는 우리들에게 가을은 삶의 의미를 생각하게 하는 소중한 '때'임에 틀림없으니 말이다.

(매일신문, 1982. 10. 18)

국화꽃과 소쩍새

대학 3학년 때 가을로 기억된다. 어느 날 불현듯 어릴 때 살던 집이 그리워져 이사한지 10년 만에 찾아간 일이 있었다. 초등학교 때 두 해를 살던 집이었는데 좀 낡은 듯했으나 옛 모습 그대로였다.

동네 아이들과 기름짜기, 왕뽑기하던 문지방과 땅뺏기, 숨바꼭질하던 골목길, 그리고 조금 열린 문틈으로 들여다보이는 마당 안의 작은 화단엔 국화꽃들이 감회를 새롭게 해주었다.

지금 같으면 초인종을 눌러서 주인에게 정중하게 인사하고 수상한 사람이 아닌 것을 밝힌 다음 집 구경을 했을 텐데 그때는 요기가 없어서 조금 열린 문틈으로 도둑괭이처럼 집안을 엿보았다.

그런데 그때 마침 너덧 명의 아주머니들이 다가오더니 그 집 주인인듯한 여자가 심상치 않은 눈으로 나를 보면서 누구냐고 물었다. 지나가는 사람이라고 얼떨결에 대답했더니, 왜 남의 집을 엿보느냐고 다그쳤고 그 옆의 여자는 자기 집 셋방 사는 새댁 네가 엊그제 결혼 패물을 도둑맞았단 얘길 했으며, 또한 사람은 그 옆집 주인이 월남에서 가져온 녹음기를 며칠 전 대낮에 잃었다고 말했다. 나는 침착하게 내가 학생신분임을 밝히고 십 년 전에 이지에 살았으며 지금 집에 그리워져서 와 봤다고 설명했다. 그때 장바구니를 들고 있던 아주머니가 "고양이 새끼인가 집이 그립게"하고 거칠게 말하면서 가짜 대학생도 많은 요즘이니까 일단 파출소로 함께 가서 조사를 해야 한다고 주장했다. 나는 매우 난감했고 이들에게 어떻게 이해를 시켜야 할는지 답답했다.

"아주머니 혹시 「헤르만 헷세」의 소설들을 읽어봤어요? 그렇다면 지금 제가 말씀드린 그리움을 이해하실 텐데요."라고 나는 말하지를 못했다. 왜냐하면 공연히 유식한 체 해서 그 여자의 자존심을 상하게 하면 내가 더욱 불리해질게 뻔한 일이기 때문이었다.

바로 그때였다. 십 년 전 뒷집에 살던 통장 할아버지가 지나가면서 이쪽을 보기에 나는 얼른 꾸뻑 인사를 하고 나의 아버지 성함을 말씀드렸다. 그리하여 반색을 하면서 아버지의 안부를 묻는 통장 할아버지 덕분에 나는 가까스로 위기를 모면하게 되었다.

조금 묘하고 어색하게 된 분위기를 돌리기 위해서 나는 집주인 아주머니에게 말했다.

"화단에 국화꽃이 아주 좋으네요. 그런데 아주머니, 저 국화꽃이 왜 피었는지 아세요?"

"국화꽃이 왜 피다니? 가을이니까 피었겠지…"

아주머니도 얼굴을 부드럽게 펴면서 대답했다.

"네, 그렇겠죠 물론, 가을이니까… 그럼 안녕히 계십시오."

나는 인사를 하고 돌아서서 골목을 빠져나오며 중얼거렸다.

"아주머니, 국화꽃이 핀 것은 소쩍새가 울었기 때문이라고 어느 시인이 말했어요.

그걸 이해하시면 아마 집에 대한 그리움도 이해하실 수 있을 거예요. 요샌 사람들이 너무 똑똑해서 국화꽃을 소쩍새 울음에 연결하는걸 이해 못하고 그리움이란 단어를 쓰는 것을 우습게 보는 것 같습니다"

지금 책상 위에 놓인 국화꽃을 보니까 옛날 생각이 그리움처럼 피어오른다.

(매일신문, 1982. 10. 25)

신화 만들기(Ⅰ)

"누가 올림포스를 지켜서 신들을 살게 하는가? 그것은 시인 속에 계시되는 인간의 힘이어라."

이 말은 괴테의 『파우스트』에 나오는 구절이다. 시인은 신들을 살게 하고 신들의 애환에 참여하여 그것을 노래함으로써 자신의 삶의 의미를 만든다. 시인은 있는 현실에 의미의 입김을 불어넣어서 있어야 할 진실—신화를 만드는 사람이다.

몇 년 전 나는 내 가슴속에 오랫동안 '신화의 마을'로 축조돼 있던 서정주 시인의 고향 '질마재'에 가 본 적이 있다. 실제로 질마재는 한국의 어느 시골과도 다를 바 없는 평범한 마을이었지만, 서정주 신인은 그의 유년시절의 고향인 그곳을 『질마재 신화』라는 시집을 통하여 하나의 완벽한 '신화의 마을'로 이룩해 놓았다. 그 마을에 살고 있는 한 노인을 만나 시집 속에 등장하는 「소자 이생원네 마누라」, 「눈들 영감」, 「단골 무당네」, 「석녀 한물댁」, 「신선 재곤이」 등을 물어보자, "허허, 그런 게 다 책에 있어? 그 얘긴 그대로 정말인데…"하고 그 노인은 신기해했다. 사실 그런 유의 인물들은 오륙 십 년 전 어느 시골에서나 흔히 있었던 사람들이지만, 서정주라는 시인을 통해서 반세기 후에 모두 생생하게 신화의 인물로 살아나고 있었다.

우리는 일상화된 현실 속에서 보다 자유롭고 비범한 신화를 만들며 살아간다. 신화를 만들며 사는 삶의 방식이야말로 '시인적'인 것이며 동시에 가장 '인간적'인 삶의 방식이다. 그러므로 횔더린은 다음과 같이 노래한다.

"공업(功業)은 많다. 그러나 인간은 본래 시인으로서 이 세상에 산다." 이에 대한 하이데거의 해석처럼 인간이 노력하여 얻는 모든 것은 인간의 현존재의 근거에까지 도달한 것이 아니기 때문에 우리는 자신의 본래성 회복을 위하여 시인으로 돌아가야 한다. 참으로 우리는 모두 '시인적'이기 때문에 올림포스를 이야기하고, 하나의 이슬방울 속에 우주를 들어 앉히는 매일매일의 신화를 만들며 살고 있는 게 아닌가?

(영남일보, 1991. 5. 2)

신화 만들기(Ⅱ)

우리들은 누구나 아름답고 빛나는 신화의 창고를 하나씩은 갖고 있다. 그것은 릴케가 「보물창고」라고 불렀던 유년시절에 대한 기억의 창고인데, 누구든지 그 창고에 들어가 보는 일은 즐겁다. 어릴 적 경험했던 일들은 차츰 시간의 저편으로 멀어지면서 희미해지지만, 그 희미함 속에서 마치 별빛처럼 빛나며 아롱거리는 기억의 파편들은 참으로 아름답다. 그것은 실제였을 때도 있고, 혹은 상상이었을 경우도 있는데 어른이 되어 돌아보면 상상과 실제는 그 창고 속에서 부드럽게 혼융되어 「신화」로 살아있게 마련이다.

언젠가 아주 어렸을 때(서너 살 무렵?) 나는 우리 집 마당 꽃밭에 들어가서 내 키보다 큰 봉숭아 가지의 한 아름씩 되는 붉은 꽃잎이 햇빛을 가려주는 그 꽃 그늘 속에서 낮잠을 잤던 기억이 있다. 누가 나를 부르는 소리에 눈을 떠보니 봉숭아꽃들 사이에는 사월 초파일에 절에서 보았던 연등만큼 큰 꽈리 열매가 환하게 등을 켜고 주렁주렁 머리 위에 줄지어 달려 있었다.

나는 말할 수 없는 행복감에 겨워서 숨도 제대로 쉬지 못하고 가만히, 마치 내가 움직이면 세상이 망가질지도 모른다는 두려움으로 꼼짝 않고 누워 있었다. 그때 여치인지 귀뚜라미인지 예쁜 풀벌레가 머리를 쫑긋하며 나에게 말을 건넸던 듯 싶다. 그 장면은 내가 어른이 된 지금도 잊혀지지 않는 유년시절에 대한 기억의 한 장면이다.

지금 생각해 보면 봉숭아가 나무처럼 크고 꽈리열매가 연등처럼 달렸다는 것은 분명히 '사실'이 아니다. 그럼에도 불구하고 그 장면은 나를 그리움과 맑은 기쁨으로 인도하는 공간임에 틀림없다. 나는 그 비현실의 공간을 기억 속에 「신화의 마을」로 갖고 있으므로 지금도 그것이 내 시적 상상력을 밝혀주는 것이라고 믿는다.

(영남일보, 1991. 5. 9)

신화 만들기(Ⅲ)

얼마 전에 경험했던, 대단히 크고 투명한, 마치 거대한 호수와도 같은 눈동자 속에서 어디에도 숨을 수 없이 완전히 노출된 상태로 받은 기묘한 공포를 잊을 수가 없다.

그 날 새벽안개가 걷힐 무렵 나는 매일 다니던 조깅코스를 바꾸어 화장장(火葬場) 쪽으로 향했다. 인적이 매우 드문 그 길은 우리 동네에서 가까운 곳인데도 거의 가게 되지 않는 마치 금단의 영역과도 같은 느낌을 주는 곳이었다.

화장장 정문 앞 포장도로가 끝난 지점에서 그 너머 쪽으로 더 가 볼까 하다가 그 아래쪽 약 30보쯤 떨어져 있는 곳에서 이쪽을 보고 있는 한 노인의 시선과 마주쳤다. 그 순간 나는 이상한 느낌이 들었다. 처음에는 아침 산책 나온 그 마을의 할아버지이겠거니 생각하면서 이상한 느낌을 억제하려 했는데, 그 느낌은 갑자기 나를 묘한 공포감 속으로 몰아넣는 것이었다.

나는 돌아섰지만 말할 수 없는 어떤 힘에 제어되어 걸음을 옮기기가 힘들었고 온 몸에 소름이 돋았다. 어떤 불가사의한 힘이 그 공간을 지배하고 있었고, 나는 마치 거대하고 투명한 누군가의 눈동자 속에 빠져 있는 듯한 느낌이 들었다. 혼신의 힘을 다해 집으로 돌아왔는데 옷이 흠뻑 젖어 있었고 어떻게 왔는지 생각이 잘 나질 않았다.

나중에 나는 그 속이 화장터였기 때문에 내 잠재의식 속에 들어있는 화장터라는 무섭고 묘한 선입견이 부지불식간에 살아 나와 내 의식을 조여 왔다고 이성적으로 해석해 보았다. 그러나 그런 따위의 해석이 무슨 소용이 있는가? 중요한 것을 그 순간 그 장소에서 일어났던 엄청난 힘에 내가 실존적으로 무너지고 있었다는 사실이다. 지금 생각하면 그것이 나에게 하나의 신화를 만들게 한다. 내 이성이 무너지는 시공의 순간, 거기에서 마치 번갯불처럼 열리는 또 하나의 시공의 문-그 곳이 신화의 입구가 아니었을까?

(영남일보, 1991. 5. 16)

신화 만들기(Ⅳ)

20년 전 쯤 가창 저수지 안쪽마을 다 쓰러져 가는 한 폐가의 쪽마루에서 햇볕을 쬐고 앉아 있던 노파의 눈과 마주친 일이 있는데 아직도 나는 그 눈빛을 지울 수가 없다. 그 노파의 무심한듯하면서도 깊은 영혼으로부터 나오는 어떤 호소 같은 게 담게 있는 눈빛과 마주쳤을 때, 섬뜩하면서도 말할 수 없는 연민 같은 것을 느꼈지만 아무 말도 못하고 이상한 두려움에 밀려 허둥거리며 지나가고 말았다.

6년 전 그 눈빛을 말레이시아의 페낭에서 만났다. 무슨 사원의 탑을 배경으로 사진을 찍으려고 하다가 그 곳에 앉아서 말없이 나를 바라보고 있던 한 노인의 시선과 마주친 일이 있다. 쪼글쪼글한 얼굴의 주름과 가무잡잡한 피부, 그리고 마하트마 간디를 연상시키는 깡마른 체구의 벗은 상반신, 무심한듯하면서도 무언가를 호소하는 듯한 검고 깊은 눈빛과 마주쳤을 때 갑자기 옛날 가창 저수지 근처에서 만났던 예의 그 노파의 눈빛이 떠올랐었다.

그 눈빛을 나는 며칠 전 서울역 지하철 입구에서 다시 만났다. 좌판에 무슨 약재 같은 것들을 죽 펴놓고 앉아있는 재 중국 교포들의 초라한 모습들 속에서 마주쳤던 50대의 한 아주머니의 무심한 듯하면서도 영혼으로부터 우러나오는 호소 같은 걸 담고 있는, 연민을 느끼게 하면서도 이상한 두려움으로 나를 허둥거리게 했던 눈빛이 그것이었다.

이상한 일이다. 적어도 10년 20년의 시간을 건너고, 수백 수천 리의 공간을 넘어서 종족과 성을 초월하여 하나로 혼융 되었던 그 눈빛…. 마치 시원(始源)으로부터 비쳐 나오는 그 눈빛을, 나는 설명할 수 없다. 그 눈빛들의 신묘한 일치를 설명하기 위해서 나는 신화를 만들고, 오늘 그 눈빛을 신화 속에 꽃씨처럼 심는 수 밖에 없다.

(영남일보, 1991. 5. 23)

신화 만들기(Ⅳ)

사람들은 끊임없이 사물에 이름을 붙이고 의미를 부여하면서 신화를 만들며 살고 있다. 땅의 꽃들 하나하나에 그 색깔과 향기에 알맞은 이야기를 만들고, 하늘의 별들에 제각각 이름을 붙이고 희노애락을 투영시켜 신화를 만든다. 그리스 사람들은 올림포스 산 위에 신화의 왕국을 세우고, 히브리 사람들은 사막과 강과 골짜기에, 한국 사람들은 나무와 바위와 동굴 속에 신화의 터전을 마련하고 있다. 미국사람들은 그들의 빈약한 역사의 벌판에 신화의 무대를 세우고 정치가, 과학자, 기업인, 가수, 배우, 군인, 운동선수들에게 신화의 옷을 입혀 영웅을 만든다.

가만히 살펴보면 개개인의 생활도 그들 나름대로의 신화 만들기에 다름 아니다.

친구 M시인은 수석 모으기에 열중하여 그의 집엔 괴상한(?) 돌멩이들이 즐비하다. 내가 보기에는 별 것 아닌 돌멩이 하나하나에 이름을 붙이고 신화를 부여한다. 어떤 돌에는 정읍사의 달이 뜨고 어떤 돌에는 천년 묵은 고목이 서 있고 구름이 일어 비가 내리며 새들과 풀벌레가 울고 있다고 그는 주장한다. 그러므로 종일 일에 시달리다가 귀가하여 그의 거실에 들어서면 수많은 돌 속에서 지아비를 기다리는 여인의 기도소리가 들리고 따뜻하게 타오르는 화롯불 빛이 그를 반기며 삼간초옥 지붕 위에 박 덩굴이 퇴근 후의 휴식

시간을 푸근하게 풀어준다. 그리하여 그가 만든 신화 속에서 그의 삶은 풍성한 의미로 살찌고, 그 곳을 흐르는 시냇물이 그의 시심을 축축하게 적셔서 그에게 풀꽃 같은 시를 쓰게 하는 듯하다.

요컨대 사람들의 삶은 제각각 자신의 감각과 상상에 맞는 신화를 만드는 과정이고, 그들의 삶이 아름다운 것은 누구든지 나름대로 소중하게 피우는 신화의 불빛 때문인 모양이다.

(영남일보, 1991. 5. 30)

신화 만들기(Ⅵ)

대학시절 나는 영화를 몹시 좋아해서 「씨네」라는 영화서클에 가입했었다.

소위 명화감상과 토론 따위가 모임의 주된 활동이었는데, 한 번은 8밀리 영화를 만들기로 하고 조금씩 들떠서 떠들며 밤을 세운 일이 있었다. 학생모임이란 게 대개 그렇듯이 실속보다 술 마시고 떠드는 재미였기 때문에 그 날 밤에도 퍼마시고 거의 곯아떨어졌는데, 그 중 여주인공을 맡기로 했던 K(그녀는 검고 긴 머리에 크고 이지적인 눈을 가진 꽤 매력적인 학생이었다)와 나는 둘이 남아 무슨 얘기엔가 열중하고 있었다. 그때 그녀가 갑자기 내 눈을 들여다보듯 다가앉으며 말했다.

"이진홍씨, 억만 년 전엔가 까마득한 옛날, 어디선가 우리 둘이 만나서 이런 똑같은 애길했던 기억이 나지 않아요?"

나는 그녀의 눈빛을 보면서 순간 강한 전기에 감전된 듯한 느낌을 받고 소스라치게 놀랐다.

"그래요 맞아! 어둠침침한 동굴 속이었지요 아마, 그 속에서 마주 쳤을 때, 바로 그런 눈으로, 그런 표정으로 나를 보았지요."

그렇게 대답하면서 나는 분명히 그녀와 수억 년 전에 어디선가 마주쳤던 일이 있었다고 생각했고, 그것은 적어도 그 순간 나에게는 하나의 '진실'로 다가왔다. 출렁이던 검고 긴 머리채와 크고 열정적인 눈동자, 그리고 조금 허스키한 음성은 마치 깊은 동굴 속에 갇혀 있던 나의 의식을 흔들어 깨우는 듯했다. 그리고 술기운에 가물가물 잠이 들었던 듯싶고 그 뒤는 기억되지 않는다.

그러나 나는 삼십 년이 지난 지금도 가끔 그 생각이 날 때가 있다. 억만년 전엔가 어둠침침한 동굴 속에서 마주쳤던 어떤 여인의 눈빛과 귓속으로 스며드는 듯 했던 그녀의 조금 쉰 목소리가 거의 생생하게 떠오르면, 그 모습은 합리적으로 설명할 수는 없지만 싱싱한 하나의 리얼리티로 살아오는 것이다.

(영남일보, 1991. 6. 6)

신화 만들기(Ⅶ)

대학시절 나는 한동안 라이너 마리아 릴케에 열중했었다. 왠지 모르게 그의 이름만 들어도 맑은 햇살에 은빛 수실이 쟁쟁쟁 부딪치는 것 같은 신묘한 느낌이 들었고 그의 작품은 사소한 소품의 일절까지도 매우 절묘하다고 믿었다. 그래서 나는 그의 시집과 산문들을 모으고 그의 사진을 책상 앞에 붙여 놓았으며 그의 구절들을 흉내 내기도 했다.

그러다가 어느 날 밤 「릴케 시집」이라는 번역서에서 참으로 좋은 향기가 나는 것을 발견했다. 그 책은 당시 청계천변 헌 책방에서 아주 헐값에 구입했던 낡은 것이었는데 그런 향기가 나다니 이상한 일이었다. 처음에 나는 아마도 먼저의 책 주인이 그 책에다가 향수라도 뿌려놓았을지도 모른다고 생각했다. 그런데 상당히 시간이 지난 후에도 여전히 그 향기가 나는 것이었다.

이상한 일은 밤에 나 혼자서 냄새를 맡으면 또렷했지만 낮에는 미약해진다는 사실이었다. 그래서 친구들에게 그 얘길하고 냄새를 맡아보라고 했다. 친구들은 그것이 향기가 아니라 단순히 낡은 책에서 나는 종이냄새라고 웃으면서 나의 말을 일축해 버렸다. 나는 억울하고 분했지만 인정해 주지 않으니 어쩔 수 없는 일이었다. 한밤중 혼자서 그 책을 펼치고 코를 가까이 대면 이상한 향기가 배어나오는 것이었지만, 나는 그것을 합리적으로 설명할 수 없었고 스스로 「릴케의 향기」라고 생각했다.

그 후 대학을 졸업하고 군대생활을 할 때 이리저리 하숙집을 전전하다가 그 책을 잃어버리고 말았다. 그러나 지금도 그것은 나의 뇌리에 강렬한 인상으로 남아있다. 그것은 아마도 내 이십대의 센티멘털한 상상력이 빚어낸 하나의 '착각'이었을지도 모른다. 하지만 설령 그것이 착각이었다손 치더라도 그 향기는 내 신화의 창고 속에서는 하나의 '진실'로서 내 후각 깊숙이 남아있는 것이다.

(영남일보, 1991. 6. 13)

신화 만들기(Ⅷ)

우연한 일이라고 하면 그만이겠지만 우리들 주변에는 그래도 그냥 지나쳐 버리기에는 아쉬운 일들이 가끔 일어난다. 이는 얘깃거리가 되어 굳어져 가는 일상의 한 끝을 흔들기도 한다.

지난 9일 고정희 시인이 세상을 버렸다. 신문기사에 의하면 그녀는 쏟아지는 비를 무릅쓰고 지리산 등반길에 나섰다가 하산 도중 엄청나게 불어난 계곡 물을 건너다가 실족하여 사고를 당했다는 것이다. 겨우 너댓 번 만났었지만 내가 알기로 그녀는 치열한 시인이었다. 지난 80년대의 어두운 현실을 그녀는 타고난 서정을 바탕으로 강렬하게 노래하여 매우 주목을 받았는데 아직 43세라는 젊은 나이에 게다가 독신으로 생을 마감한 것이다.

그 며칠 후 나는 P시인으로부터 다음과 같은 이야기를 들었다. 그는 지난 9일 L, M시인들과 함께 경북 문경에 돌(수석)을 주우러 갔다. 종일 내리는 비를 흠뻑 맞으며 돌밭을 헤매다가 그는 주먹만 한 돌을 하나 주워들고 보니 얼핏 고정희 시인이 소장하고 있던 '엉덩이 돌'이 생각났다.

그래서 옆에 있는 L과 M시인에게 그것을 들어 보이며 불쑥

"고정희 시인의 엉덩이 같죠?"라고 말했다.

"뭐라구?"

그들은 P의 말이 당돌하여 돌아보며 웃었고 그는 그것을 이리저리 바라보다가 그 자리에 그냥 버렸다. 그런데 그 날 귀가하여 고정희 시인의 사고소식을 들었다는 것이다.

아무리 생각해도 이상한 일은 그가 그 돌을 주었다가 버린 시간과 그녀가 사고를 당한 시간이 일치했다는 것이었다. 왜 하필 그 시간에 그 돌이 눈에 띄었고 그것을 왜 '고정희 시인의 엉덩이'라고 표현했을까 하면서 그는 나에게

"그 날 만일 그 돌을 버리지 않았다면 어떻게 되었을까요?"

라고 묻는 것이었다.

(영남일보, 1991. 6. 20)

신화 만들기

인쇄 / 2014년 5월 10일
발행 / 2014년 5월 15일

지은이 / 이진홍
펴낸이 / 박진환

펴낸곳 / 만인사
등록번호 / 1996년 4월 20일 제03-01-306호
주소 / 대구광역시 중구 명륜로 116
전화 / (053)422-0550
팩스 / (053)426-9543
홈페이지 / www.maninsa.co.kr

ISBN 978-89-6349-062-5 03810

값 12,000원

*이 도서의 국립중앙도서관 출판시도서목록(CIP)은 서지정보유통지원시스템 홈페이지
(http://seoji.nl.go.kr)와 국가자료공동목록시스템(http://www.nl.go.kr/kolisnet)에서
이용하실 수 있습니다(CIP제어번호: CIP2014014694).